Bucătăria chinezească

Rețete autentice pentru experiențe culinare de neuitat

Li Chen

Cuprins

Pui în sos de roșii *11*
Pui cu rosii *11*
Pui poșat cu roșii *12*
Pui și roșii cu sos de fasole neagră *13*
Pui gătit rapid cu legume *14*
pui cu nuci *15*
Pui cu nuci *16*
Pui cu castane de apa *17*
Pui sarat cu castane de apa *18*
wonton de pui *20*
aripioare de pui crocante *21*
Aripioare de pui cu cinci condimente *22*
Aripioare de pui marinate *23*
Aripioare de pui regale *25*
Aripioare de pui condimentate *27*
Pulpe de pui la gratar *28*
Pulpe de pui Hoisin *29*
pui la fiert *30*
pui prajit crocant *31*
Pui întreg prăjit *33*
pui cu cinci condimente *34*
Pui cu ghimbir si arpagic *35*
pui poșat *36*
Pui gătit roșu *37*
Pui cu condimente gătit în roșu *38*
Pui cu susan la gratar *39*
Pui în sos de soia *40*
pui la aburi *41*
Pui la abur cu anason *42*
pui cu gust ciudat *43*
bucăți crocante de pui *44*
Pui cu fasole verde *45*

Pui fiert cu ananas	*46*
Pui cu ardei si rosii	*47*
pui cu susan	*48*
pușini prăjiți	*49*
Turcia cu Mangetout	*50*
Curcan cu ardei	*52*
friptură de curcan chinezesc	*54*
Curcan cu nuci si ciuperci	*55*
rață cu muguri de bambus	*56*
Rață cu muguri de fasole	*57*
rață înăbușită	*58*
Rață la abur cu țelină	*59*
rață cu ghimbir	*60*
Rață cu fasole verde	*62*
rață prăjită la abur	*64*
Rață cu fructe exotice	*65*
Rață înăbușită cu frunze chinezești	*67*
rață beată	*68*
cinci condimente rață	*69*
Rață prăjită cu ghimbir	*70*
Rață cu șuncă și praz	*71*
rață friptă cu miere	*72*
rață friptă umedă	*73*
Rață sotă cu ciuperci	*74*
rață cu două ciuperci	*76*
Rață înăbușită cu ceapă	*77*
Rață cu Portocală	*79*
friptură de rață cu portocale	*80*
Rață cu Pere și Castane	*81*
rață Peking	*82*
Rață înăbușită cu ananas	*85*
Rață sotă cu ananas	*86*
Ananas Ghimbir Rață	*88*
Rață cu ananas și litchi	*89*
Rață cu Porc și Castane	*90*
Rață cu cartofi	*91*

Rață Fiartă Roșie 93
Rață prăjită cu vin de orez 94
Rață la abur cu vin de orez 95
rață sărată 96
Rață sărată cu fasole verde 97
rață gătită lent 99
Rață sotă 101
rață cu cartofi dulci 102
rață dulce-acrișoară 104
rață mandarină 106
Rață cu Legume 106
Rață sotă cu legume 108
Rață albă gătită 110
rață cu vin 111
Ouă la abur cu pește 112
Ouă la abur cu șuncă și pește 113
Ouă la abur cu carne de porc 114
ouă de porc prăjite 115
Oua prajite cu sos de soia 116
ouă semilunare 117
Oua prajite cu legume 118
omletă chinezească 119
Omletă chinezească cu muguri de fasole 120
Omletă de conopioare 121
Omletă de crab cu sos brun 122
Omletă cu șuncă și apă cu castane 123
Omletă cu homar 124
omletă cu stridii 125
Omletă cu creveți 126
Omletă cu scoici 127
Omletă cu tofu 128
Tortila de porc umpluta 129
Omletă Umplută Cu Creveți 130
Rulouri de tortilla la abur cu umplutură de pui 131
clătite cu stridii 132
clătite cu creveți 133

Ouă omlete chinezești 134
Ouă omletă cu pește 135
Ouă omletă cu ciuperci 136
Ouă omletă cu sos de stridii 137
Ouă omletă cu carne de porc 138
Ouă omletă cu carne de porc și creveți 139
Ouă omletă cu spanac 140
Ouă omletă cu Arpagic 141
Ouă omletă cu roșii 142
Ouă omletă cu legume 143
sufleu de pui 144
sufle de crab 145
Sufleu de crab și ghimbir 146
sufle de pește 147
sufleu de creveți 148
Sufleu de creveți cu muguri de fasole 149
sufleu de legume 150
Ou Foo Yung 151
Ou prăjit Foo Yung 152
Foo Yung Crab cu ciuperci 153
Ou de șuncă Foo Yung 154
Ou Frip De Porc Foo Yung 155
Ou de porc și creveți Foo Yung 156
orez alb 157
Orez brun fiert 157
orez cu carne de vita 158
Orez cu ficat de pui 159
Orez cu pui și ciuperci 160
Orez cu nucă de cocos 160
Orez cu carne de crab 161
Orez cu mazare 162
Orez cu piper 163
Orez cu ou poșat 164
Orez în stil Singapore 165
Orez cu barca lenta 166
Orez copt la abur 167

Orez prăjit *168*
Orez prajit cu migdale *169*
Orez prajit cu bacon si ou *170*
Orez prajit cu carne *171*
Orez prajit cu carne tocata *172*
Orez prajit cu carne si ceapa *173*
orez prajit cu pui *174*
Orez prajit cu rață *175*
orez prajit cu sunca *176*
Orez cu șuncă afumată cu bulion *177*
orez prajit cu carne de porc *178*
Orez prajit cu carne de porc si creveti *179*
orez prajit cu creveti *180*
Orez prajit si mazare *181*
Orez prajit cu somon *182*
Orez prajit special *183*
Zece orez prețios *184*
Orez cu ton prăjit *185*
taitei cu ou fiert *186*
taitei cu oua la abur *187*
Taitei prajiti *187*
Taitei prajiti *188*
Taitei moi prajiti *189*
tăiței înăbușiți *190*
taitei reci *191*
coșuri cu tăiței *192*
clătită cu tăiței *193*
Taitei fierti *194*
Taitei cu carne *196*
taitei cu pui *197*
Taitei cu carne de crab *198*
Taitei in sos de curry *199*
fidea Dan-Dan *200*
Taitei cu sos de oua *200*
Fidea cu ghimbir și arpagic *201*
Taitei picanti si acri *203*

Taitei in sos de carne *204*
Fidea cu ouă poşate *206*
Taitei cu carne de porc si legume *207*
Taitei transparenti cu carne de porc tocata *208*
piele rulou de ou *210*
Piele de rulou de ou fiert *211*
clătite chinezeşti *212*
piei wonton *213*
Sparanghel cu scoici *214*
Sparanghel cu sos de ouă *215*

Pui în sos de roșii

pentru 4 persoane

30 ml / 2 linguri ulei de arahide
5 ml/1 lingurita de sare
2 catei de usturoi macinati
450 g / 1 kilogram de pui, cubulețe
300 ml / ½ pt / 1 ¼ cani supa de pui
120 ml / 4 fl oz / ½ cană sos de roșii (ketchup)
15 ml / 1 lingură făină de porumb (amidon de porumb)
4 cepe de primăvară (cepe), tăiate felii

Încinge uleiul cu sarea și usturoiul până când usturoiul devine ușor auriu. Adăugați puiul și prăjiți până devine ușor auriu. Adăugați cea mai mare parte din bulion, aduceți la fierbere, acoperiți și fierbeți timp de aproximativ 15 minute până când puiul este fraged. Se amestecă bulionul rămas cu sosul de roșii și mălaiul și se aruncă în tigaie. Gatiti la foc mic, amestecand, pana cand sosul se ingroasa si se limpezeste. Daca sosul este foarte subtire, lasam sa fiarba putin pana scade. Adăugați arpagicul și fierbeți timp de 2 minute înainte de servire.

Pui cu rosii

pentru 4 persoane

225g / 8oz pui, tăiat cubulețe

15 ml / 1 lingură făină de porumb (amidon de porumb)

15 ml/1 lingura sos de soia

15 ml / 1 lingura vin de orez sau sherry uscat

45 ml / 3 linguri ulei de arahide (arahide)

1 ceapa taiata cubulete

60 ml / 4 linguri supă de pui

5 ml/1 lingurita de sare

5 ml/1 lingurita de zahar

2 roșii, fără coajă și tăiate cubulețe

Amestecați puiul cu amidonul de porumb, sosul de soia și vinul sau sherry și lăsați-l să se odihnească timp de 30 de minute. Încinge uleiul și prăjește puiul până devine deschis la culoare. Adăugați ceapa și prăjiți până se înmoaie. Adăugați bulion, sare și zahăr, aduceți la fiert și amestecați ușor la foc mic până când puiul este gătit. Adăugați roșiile și amestecați până se încălzesc.

Pui poșat cu roșii

pentru 4 persoane

4 portii de pui

4 roșii, fără coajă și tăiate în sferturi

15 ml / 1 lingura vin de orez sau sherry uscat
15 ml / 1 lingura ulei de arahide
sare

Puneti puiul intr-o tigaie si acoperiti cu apa rece. Aduceți la fierbere, acoperiți și gătiți la foc mic timp de 20 de minute. Adăugați roșiile, vinul sau sherry, uleiul și sarea, acoperiți și fierbeți încă 10 minute până când puiul este gătit. Aranjați puiul pe o farfurie de servire încălzită și tăiați în bucăți pentru a servi. Reîncălziți sosul și turnați peste pui pentru a servi.

Pui și roșii cu sos de fasole neagră

pentru 4 persoane
45 ml / 3 linguri ulei de arahide (arahide)
1 cățel de usturoi zdrobit

45 ml / 3 linguri sos de fasole neagra
225g / 8oz pui, tăiat cubulețe
15 ml / 1 lingura vin de orez sau sherry uscat
5 ml/1 lingurita de zahar
15 ml/1 lingura sos de soia
90 ml / 6 linguri supă de pui
3 rosii, decojite si taiate in patru
10 ml / 2 lingurițe de făină de porumb (amidon de porumb)
45 ml / 3 linguri de apă

Încinge uleiul și prăjește usturoiul timp de 30 de secunde. Adăugați sosul de fasole neagră și prăjiți timp de 30 de secunde apoi adăugați puiul și amestecați până se îmbracă bine în ulei. Adăugați vin sau sherry, zahăr, sos de soia și bulion, aduceți la fierbere, acoperiți și fierbeți timp de aproximativ 5 minute până când puiul este gătit. Amestecați făina de porumb și apa într-o pastă, amestecați în tigaie și fierbeți, amestecând, până când sosul se subțiază și se îngroașă.

Pui gătit rapid cu legume

pentru 4 persoane
1 albus de ou
50 g / 2 oz făină de porumb (amidon de porumb)
8 oz / 225 g piept de pui, tăiat fâșii

75 ml / 5 linguri ulei de arahide (arahide)
200 g / 7 oz muguri de bambus, tăiați în fâșii
50 g / 2 oz muguri de fasole
1 ardei gras verde taiat fasii
3 cepe de primăvară (cepe), tăiate felii
1 felie de rădăcină de ghimbir, tocată
1 catel de usturoi tocat
15 ml / 1 lingura vin de orez sau sherry uscat

Bateți albușul de ou și amidonul de porumb și înmuiați fâșiile de pui în amestec. Se încălzește uleiul la cald și se prăjește puiul pentru câteva minute până când este fiert. Scoateți din tigaie și scurgeți bine. Adăugați lăstarii de bambus, mugurii de fasole, ardeiul gras, ceapa, ghimbirul și usturoiul în tigaie și căleți timp de 3 minute. Adăugați vinul sau sherry și întoarceți puiul în tigaie. Se amestecă bine și se încălzește înainte de servire.

pui cu nuci

pentru 4 persoane

45 ml / 3 linguri ulei de arahide (arahide)
2 ceai (cei), tocate
1 felie de rădăcină de ghimbir, tocată
1 kilogram / 450g piept de pui, feliat foarte subțire
50g / 2oz șuncă, măruntită

30 ml / 2 linguri sos de soia

30 ml / 2 linguri vin de orez sau sherry uscat

5 ml/1 lingurita de zahar

5 ml/1 lingurita de sare

100 g / 4 oz / 1 cană nuci, tocate

Se încălzeşte uleiul şi se prăjeşte ceapa şi ghimbirul timp de 1 minut. Se adauga puiul si sunca si se prajesc 5 minute pana aproape fierte. Adăugaţi sosul de soia, vinul sau sherry, zahărul şi sarea şi prăjiţi timp de 3 minute. Adăugaţi nucile şi prăjiţi timp de 1 minut până când ingredientele sunt bine amestecate.

Pui cu nuci

pentru 4 persoane

100 g / 4 oz / 1 cană nuci decojite, tăiate în jumătate

ulei de prajit

45 ml / 3 linguri ulei de arahide (arahide)

2 felii de rădăcină de ghimbir, tocate

225g / 8oz pui, tăiat cubuleţe

100 g / 4 oz muguri de bambus, feliaţi

75 ml / 5 linguri supă de pui

Pregătiți nucile, încălziți uleiul și prăjiți nucile până se rumenesc și se scurg bine. Încinge uleiul de arahide și prăjește ghimbirul timp de 30 de secunde. Adăugați puiul și prăjiți până devine ușor auriu. Adăugați ingredientele rămase, aduceți la fierbere și fierbeți, amestecând, până când puiul este gătit.

Pui cu castane de apa

pentru 4 persoane

45 ml / 3 linguri ulei de arahide (arahide)

2 catei de usturoi macinati

2 ceai (cei), tocate

1 felie de rădăcină de ghimbir, tocată

225g / 8oz piept de pui, feliat

100g / 4oz castane de apă, feliate

45 ml / 3 linguri sos de soia

15 ml / 1 lingura vin de orez sau sherry uscat

5 ml / 1 lingurita faina de porumb (amidon de porumb)

Se încălzește uleiul și se prăjește usturoiul, ceapa primăvară și ghimbirul până devin ușor aurii. Adăugați puiul și prăjiți timp de 5 minute. Se adauga castanele de apa si se prajesc 3 minute. Adăugați sos de soia, vin sau sherry și făină de porumb și soțiți aproximativ 5 minute până când puiul este gătit.

Pui sarat cu castane de apa

pentru 4 persoane

30 ml / 2 linguri ulei de arahide

4 bucati de pui

3 ceai (cei), tocate

2 catei de usturoi macinati

1 felie de rădăcină de ghimbir, tocată

250 ml / 8 fl oz / 1 cană sos de soia

30 ml / 2 linguri vin de orez sau sherry uscat

30 ml / 2 linguri zahăr brun

5 ml/1 lingurita de sare

375 ml / 13 fl oz / 1¼ cani de apă

225g / 8oz castane de apă, feliate

15 ml / 1 lingură făină de porumb (amidon de porumb)

Încinge uleiul și prăjește bucățile de pui până devin aurii. Adăugați arpagicul, usturoiul și ghimbirul și prăjiți timp de 2 minute. Adăugați sos de soia, vin sau sherry, zahăr și sare și amestecați bine. Adăugați apa și aduceți la fiert, acoperiți și fierbeți timp de 20 de minute. Adăugați castanele de apă, acoperiți și fierbeți încă 20 de minute. Se amestecă făina de porumb cu puțină apă, se amestecă în sos și se fierbe, amestecând, până când sosul se subțiază și se îngroașă.

wonton de pui

pentru 4 persoane

4 ciuperci chinezești uscate
450 g / 1 lb piept de pui, tocat
8 oz / 225 g verdețuri amestecate, tocate
1 ceapă de primăvară (ceapă), tocată
15 ml/1 lingura sos de soia
2,5 ml / ½ linguriță sare
40 de piei wonton
1 ou bătut

Înmuiați ciupercile în apă călduță timp de 30 de minute, apoi scurgeți-le. Aruncați tulpinile și tăiați vârfurile. Se amestecă cu pui, legume, sos de soia și sare.

Pentru a plia wonton-urile, țineți pielea în palma mâinii stângi și puneți puțin umplutură în centru. Umeziți marginile cu ou și pliați coaja într-un triunghi, sigilând marginile. Umeziți colțurile cu ou și răsuciți.

Aduceți o cratiță cu apă la fiert. Adăugați wonton-urile și fierbeți timp de aproximativ 10 minute până când plutesc până deasupra.

aripioare de pui crocante

pentru 4 persoane

900 g / 2 lb aripioare de pui
60 ml / 4 linguri vin de orez sau sherry uscat
60 ml / 4 linguri sos de soia
50 g / 2 oz / ½ cană făină de porumb (amidon de porumb)
ulei de arahide pentru prajit

Puneți aripioarele de pui într-un castron. Se amestecă ingredientele rămase și se toarnă peste aripioare de pui, amestecând bine pentru a le acoperi cu sos. Acoperiți și lăsați să stea 30 de minute. Încinge uleiul și prăjește puiul câte puțin până când este bine fiert și maro închis. Se scurge bine pe hartie de bucatarie si se tine la cald in timp ce puiul ramas este prajit.

Aripioare de pui cu cinci condimente

pentru 4 persoane

30 ml / 2 linguri ulei de arahide
2 catei de usturoi macinati
450 g / 1 kilogram aripioare de pui
250 ml / 8 fl oz / 1 cană bulion de pui
30 ml / 2 linguri sos de soia
5 ml/1 lingurita de zahar
5 ml / 1 linguriță praf de cinci condimente

Încinge uleiul și usturoiul până când usturoiul devine ușor auriu. Adăugați puiul și prăjiți până devine ușor auriu. Adăugați ingredientele rămase, amestecând bine și aduceți la fierbere. Acoperiți și fierbeți timp de aproximativ 15 minute până când puiul este gătit. Scoateți capacul și continuați să gătiți la foc mic, amestecând din când în când, până când cea mai mare parte a lichidului s-a evaporat. Serviți cald sau rece.

Aripioare de pui marinate

pentru 4 persoane

45 ml / 3 linguri sos de soia
45 ml / 3 linguri vin de orez sau sherry uscat
30 ml / 2 linguri zahăr brun
5 ml / 1 linguriță rădăcină de ghimbir rasă
2 catei de usturoi macinati
6 cepe de primăvară (cepe), tăiate felii
450 g / 1 kilogram aripioare de pui
30 ml / 2 linguri ulei de arahide
225g / 8oz muguri de bambus, feliați
20 ml / 4 lingurițe făină de porumb (amidon de porumb)
175 ml / 6 fl oz / ¾ cană supă de pui

Amestecați sos de soia, vin sau sherry, zahăr, ghimbir, usturoi și arpagic. Adăugați aripioare de pui și amestecați pentru a se acoperi complet. Acoperiți și lăsați să stea 1 oră, amestecând din când în când. Se încălzește uleiul și se prăjesc lăstarii de bambus timp de 2 minute. Scoate-le din tigaie. Scurgeți puiul și ceapa, rezervând marinada. Încinge uleiul și prăjește puiul până se rumenește pe toate părțile. Acoperiți și gătiți încă 20 de minute până când puiul este fraged. Amestecați amidonul de porumb cu bulionul și marinada rezervată. Se toarnă peste pui și se aduce la fierbere, amestecând, până se îngroașă sosul. Adăugați lăstarii de bambus și fierbeți, amestecând, încă 2 minute.

Aripioare de pui regale

pentru 4 persoane

12 aripioare de pui

250 ml / 8 fl oz / 1 cană ulei de arahide (arahide)

15 ml/1 lingură zahăr granulat

2 cepe de primăvară (cepe), tăiate în bucăți

5 felii de rădăcină de ghimbir

5 ml/1 lingurita de sare

45 ml / 3 linguri sos de soia

250 ml / 8 fl oz / 1 cană vin de orez sau sherry uscat

250 ml / 8 fl oz / 1 cană bulion de pui

10 felii de muguri de bambus

15 ml / 1 lingură făină de porumb (amidon de porumb)

15 ml/1 lingura de apa

2,5 ml / ½ linguriță ulei de susan

Se fierb aripioarele de pui în apă clocotită timp de 5 minute, apoi se scurg bine. Se incinge uleiul, se adauga zaharul si se amesteca pana se topeste si se rumeneste. Adăugați pui, ceai, ghimbir, sare, sos de soia, vin și bulion, aduceți la fiert și fierbeți timp de 20 de minute. Adăugați lăstarii de bambus și fierbeți timp de 2 minute sau până când lichidul s-a evaporat aproape complet. Amestecați făina de porumb cu apa, amestecați-o în tigaie și amestecați până se îngroașă. Transferați aripioarele de pui pe o farfurie fierbinte de servire și serviți stropite cu ulei de susan.

Aripioare de pui condimentate

pentru 4 persoane

30 ml / 2 linguri ulei de arahide

5 ml/1 lingurita de sare

2 catei de usturoi macinati

900 g / 2 lb aripioare de pui

30 ml / 2 linguri vin de orez sau sherry uscat

30 ml / 2 linguri sos de soia

30 ml / 2 linguri piure de roșii (pastă)

15 ml / 1 lingură sos Worcestershire

Se incinge uleiul, sarea si usturoiul si se prajesc pana usturoiul devine usor auriu. Adăugați aripioarele de pui și prăjiți, amestecând des, timp de aproximativ 10 minute, până când devin aurii și aproape fierte. Adăugați ingredientele rămase și prăjiți aproximativ 5 minute până când puiul este crocant și gătit.

Pulpe de pui la gratar

pentru 4 persoane

16 pulpe de pui
30 ml / 2 linguri vin de orez sau sherry uscat
30 ml / 2 linguri de otet de vin
30 ml / 2 linguri ulei de măsline
sare si piper proaspat macinat
120 ml / 4 fl oz / ½ cană suc de portocale
30 ml / 2 linguri sos de soia
30 ml / 2 linguri de miere
15 ml/1 lingura suc de lamaie
2 felii de rădăcină de ghimbir, tocate
120 ml / 4 fl oz / ½ cană sos chili

Se amestecă toate ingredientele cu excepția sosului chili, se acopera și se lasă la marinat la frigider peste noapte. Scoateți puiul din marinadă și gătiți-l pe grătar sau grătar (grear) timp de aproximativ 25 de minute, întorcându-l și ungându-l cu sosul de chili pe măsură ce se gătește.

Pulpe de pui Hoisin

pentru 4 persoane

8 pulpe de pui

600 ml / 1 pt / 2½ căni de supă de pui

sare si piper proaspat macinat

250 ml / 8 fl oz / 1 cană sos hoisin

30 ml / 2 linguri făină simplă (toate scopuri)

2 oua batute

100 g / 4 oz / 1 cană pesmet

ulei de prajit

Puneți butoaiele și bulionul într-o tigaie, aduceți la fierbere, acoperiți și fierbeți timp de 20 de minute până când sunt fierte. Scoateți puiul din tavă și uscați-l cu hârtie de bucătărie. Puneti puiul intr-un bol si asezonati cu sare si piper. Se toarnă peste sosul hoisin și se lasă la marinat timp de 1 oră. A se scurge. Se pune puiul în făină, apoi se unge cu ouă și pesmet, apoi din nou oul și pesmet. Se încălzește uleiul și se prăjește puiul aproximativ 5 minute până se rumenește. Se scurge pe hartie de bucatarie si se serveste cald sau rece.

pui la fiert

Pentru 4 până la 6 porții

75 ml / 5 linguri ulei de arahide (arahide)

1 pui

3 cepe de primăvară (cepe), tăiate felii

3 felii de rădăcină de ghimbir

120 ml / 4 fl oz / ½ cană sos de soia

30 ml / 2 linguri vin de orez sau sherry uscat

5 ml/1 lingurita de zahar

Încinge uleiul și prăjește puiul până devine auriu. Adaugati ceapa, ghimbirul, sosul de soia si vinul sau sherry si aduceti la fiert. Acoperiți și fierbeți 30 de minute, întorcându-le din când în când. Adăugați zahăr, acoperiți și fierbeți încă 30 de minute până când puiul este gătit.

pui prajit crocant

pentru 4 persoane

1 pui

sare

30 ml / 2 linguri vin de orez sau sherry uscat

3 cepe de primăvară (cepe), tăiate cubulețe

1 felie de rădăcină de ghimbir

30 ml / 2 linguri sos de soia

30 ml / 2 linguri de zahăr

5 ml / 1 linguriță cuișoare întregi

5 ml/1 lingurita de sare

5 ml / 1 linguriță boabe de piper

150 ml / ¼ pt / ½ cană generoasă bulion de pui

ulei de prajit

1 salata verde, tocata

4 roșii, feliate

½ castravete, feliat

Frecați puiul cu sare și lăsați-l să se odihnească timp de 3 ore. Clătiți și puneți într-un bol. Adăugați vinul sau sherry, ghimbirul, sosul de soia, zahărul, cuișoarele, sare, boabele de piper și bulionul și amestecați bine. Puneți vasul într-un cuptor cu abur, acoperiți și fierbeți la abur timp de aproximativ 2 ¼ ore până când puiul este gătit. A se scurge. Se încălzește uleiul până se afumă, apoi se adaugă puiul și se prăjește până devine auriu. Se prăjește încă 5 minute, se scot din ulei și se scurge. Tăiați felii și puneți pe o farfurie fierbinte de servire. Se ornează cu salată verde, roșii și castraveți și se servește cu un dressing de sare și piper.

Pui întreg prăjit

Porți 5

1 pui
10 ml / 2 lingurițe de sare
15 ml / 1 lingura vin de orez sau sherry uscat
2 ceai (cei), tăiați în jumătate
3 felii de rădăcină de ghimbir, tăiate fâșii
ulei de prajit

Uscați puiul și frecați pielea cu sare și vin sau sherry. Puneți arpagicul și ghimbirul în interiorul cavității. Agățați puiul să se usuce într-un loc răcoros timp de aproximativ 3 ore. Încinge uleiul și pune puiul într-un coș de prăjit. Coborâți ușor în ulei și ungeți continuu pe dinăuntru și pe exterior până când puiul este ușor colorat. Scoateți din ulei și lăsați să se răcească puțin în timp ce reîncălziți uleiul. Se prăjește din nou până devin aurii. Scurgeți bine și apoi tăiați în bucăți.

pui cu cinci condimente

Pentru 4 până la 6 porții

1 pui

120 ml / 4 fl oz / ½ cană sos de soia

2,5 cm / 1 inch rădăcină de ghimbir, tocată

1 cățel de usturoi zdrobit

15 ml / 1 lingură praf de cinci condimente

30 ml / 2 linguri vin de orez sau sherry uscat

30 ml / 2 linguri de miere

2,5 ml / ½ linguriță ulei de susan

ulei de prajit

30 ml / 2 linguri de sare

5 ml / 1 lingurita piper proaspat macinat

Pune puiul într-o cratiță mare și umple-l cu apă până la mijlocul coapsei. Rezervați 15 ml/1 lingură de sos de soia și adăugați restul în tigaia cu ghimbirul, usturoiul și jumătate din pudra cu cinci condimente. Aduceți la fierbere, acoperiți și gătiți la foc mic timp de 5 minute. Opriți focul și lăsați puiul să stea în apă până când apa este călduță. A se scurge.

Tăiați puiul în jumătate pe lungime și puneți-l cu partea tăiată în jos într-o tavă. Amestecați sosul de soia rămas și pudra cu cinci condimente cu vinul sau sherry, mierea și uleiul de susan. Frecați amestecul peste pui și lăsați-l să stea timp de 2 ore, periând din când în când cu amestecul. Încinge uleiul și prăjește jumătățile de pui timp de aproximativ 15 minute până când se rumenesc și sunt fierte. Se scurge pe hartie de bucatarie si se taie in bucati.

Între timp, amestecați sarea și piperul și încălziți într-o tigaie uscată timp de aproximativ 2 minute. Se serveste ca sos cu puiul.

Pui cu ghimbir si arpagic

pentru 4 persoane

1 pui

2 felii de rădăcină de ghimbir, tăiate fâșii

sare si piper proaspat macinat

90 ml / 4 linguri ulei de arahide

8 cepe de primăvară (cepe), tocate mărunt

10 ml / 2 lingurițe de oțet de vin alb

5 ml/1 lingurita sos de soia

Pune puiul într-o cratiță mare, adaugă jumătate de ghimbir și toarnă apă cât să acopere aproape puiul. Condimentați cu sare și piper. Aduceți la fierbere, acoperiți și fierbeți timp de aproximativ 1¼ oră până când se înmoaie. Lasă puiul să stea în bulion până se răcește. Scurgeți puiul și dați la frigider până se răcește. Tăiați în porții.

Răziți ghimbirul rămas și amestecați cu uleiul, ceapa primăvară, oțetul de vin și sosul de soia, sare și piper. Dați la frigider pentru 1 oră. Aranjați bucățile de pui într-un castron de servire și turnați peste dressingul de ghimbir. Serviți cu orez aburit.

pui poșat

pentru 4 persoane

1 pui

1,2 l / 2 puncte / 5 căni de bulion de pui sau apă
30 ml / 2 linguri vin de orez sau sherry uscat
4 ceai (cei), tocate
1 felie de rădăcină de ghimbir
5 ml/1 lingurita de sare

Pune puiul într-o cratiță mare cu toate ingredientele rămase. Bulionul sau apa trebuie să ajungă până la mijlocul coapsei. Aduceți la fiert, acoperiți și fierbeți timp de aproximativ 1 oră până când puiul este gătit. Scurgeți, rezervând bulionul pentru supe.

Pui gătit roșu

pentru 4 persoane

1 pui
250 ml / 8 fl oz / 1 cană sos de soia

Puneti puiul intr-o tigaie, turnati peste sosul de soia si umpleti cu apa pana aproape sa acopere puiul. Aduceți la fierbere, acoperiți și fierbeți timp de aproximativ 1 oră până când puiul este gătit, întorcându-l din când în când.

Pui cu condimente gătit în roșu

pentru 4 persoane

2 felii de rădăcină de ghimbir

2 cepe de primăvară (cepe)

1 pui

3 cuişoare de anason stele

½ baton de scortisoara

15 ml / 1 lingură boabe de piper Sichuan

75 ml / 5 linguri sos de soia

75 ml / 5 linguri vin de orez sau sherry uscat

75 ml / 5 linguri ulei de susan

15 ml / 1 lingura zahar

Puneţi ghimbirul şi ceaiurile în interiorul cavităţii de pui şi puneţi puiul într-o tigaie. Leagă anasonul stelat, scorţişoară şi boabele de piper într-o bucată de muselină şi se adaugă în tigaie. Se toarnă peste sos de soia, vin sau sherry şi ulei de susan. Aduceţi la fierbere, acoperiţi şi gătiţi la foc mic timp de aproximativ 45 de minute. Adăugaţi zahăr, acoperiţi şi fierbeţi încă 10 minute până când puiul este gătit.

Pui cu susan la gratar

pentru 4 persoane

50g / 2oz seminţe de susan

1 ceapa tocata marunt

2 catei de usturoi tocati

10 ml / 2 linguriţe de sare

1 ardei iute roşu uscat, zdrobit

un praf de cuisoare macinate

2,5 ml / ½ linguriţă cardamom măcinat

2,5 ml / ½ linguriţă ghimbir măcinat

75 ml / 5 linguri ulei de arahide (arahide)

1 pui

Amestecaţi toate condimentele şi uleiul şi ungeţi puiul. Puneţi-l într-o tavă şi adăugaţi 30 ml / 2 linguri de apă în tigaie. Prăjiţi într-un cuptor preîncălzit la 180°C/350°F/gaz 4 timp de aproximativ 2 ore, ungeţi şi răsturnând puiul din când în când, până când devine maro auriu şi fiert. Mai adauga putina apa, daca este necesar, pentru a preveni arsurile.

Pui în sos de soia

Pentru 4 până la 6 porţii

300 ml / ½ pt / 1¼ cani sos de soia

300 ml / ½ pt / 1¼ cană vin de orez sau sherry uscat

1 ceapa tocata

3 felii de rădăcină de ghimbir, tocate

50 g / 2 oz / ¼ cană zahăr

1 pui

15 ml / 1 lingură făină de porumb (amidon de porumb)

60 ml / 4 linguri de apă

1 castravete, curatat de coaja si feliat

30 ml / 2 linguri patrunjel proaspat tocat

Amestecați într-o tigaie sosul de soia, vinul sau sherry, ceapa, ghimbirul și zahărul și aduceți la fiert. Adăugați puiul, reveniți la fierbere, acoperiți și fierbeți timp de 1 oră, întorcând puiul din când în când, până când este fiert. Transferați puiul pe o farfurie fierbinte de servire și feliați. Turnați totul, cu excepția 250 ml / 8 fl oz / 1 cană de lichid de gătit și întoarceți la fierbere. Amestecați făina de porumb și apa într-o pastă, amestecați în tigaie și fierbeți, amestecând, până când sosul se subțiază și se îngroașă. Peste pui se intinde putin sos si se orneaza puiul cu castraveti si patrunjel. Servește sosul rămas separat.

pui la aburi

pentru 4 persoane

1 pui

45 ml / 3 linguri vin de orez sau sherry uscat

sare

2 felii de rădăcină de ghimbir

2 cepe de primăvară (cepe)

250 ml / 8 fl oz / 1 cană bulion de pui

Așezați puiul într-un bol rezistent la cuptor și frecați cu vin sau sherry și sare și puneți ghimbirul și ceapa primăvară în interiorul cavității. Așezați vasul pe un suport într-un cuptor cu abur, acoperiți și fierbeți la abur peste apă clocotită timp de aproximativ 1 oră până când este fiert. Serviți cald sau rece.

Pui la abur cu anason

pentru 4 persoane

250 ml / 8 fl oz / 1 cană sos de soia

250 ml / 8 fl oz / 1 cană de apă

15 ml/1 lingura zahar brun

4 cuișoare de anason stele

1 pui

Amestecați sosul de soia, apa, zahărul și anasonul într-o cratiță și aduceți la fierbere la foc mic. Pune puiul într-un castron și stropește bine amestecul în interior și în exterior. Reîncălziți amestecul și repetați. Pune puiul într-un bol refractar. Așezați vasul pe un suport într-un cuptor cu abur, acoperiți și fierbeți la abur peste apă clocotită timp de aproximativ 1 oră până când este fiert.

pui cu gust ciudat

pentru 4 persoane

1 pui
5 ml / 1 linguriță rădăcină de ghimbir tocată
5 ml/1 lingurita de usturoi tocat
45 ml / 3 linguri sos de soia gros
5 ml/1 lingurita de zahar

2,5 ml / ½ linguriță oțet de vin

10 ml / 2 lingurite sos de susan

5 ml / 1 lingurita piper proaspat macinat

10 ml / 2 lingurițe ulei de chili

½ salata verde, tocata

15 ml/1 lingura coriandru proaspat tocat

Puneti puiul intr-o tigaie si umpleti-l cu apa pana ajunge la mijlocul pulpelor de pui. Aduceți la fierbere, acoperiți și fierbeți timp de aproximativ 1 oră până când puiul este fraged. Scoateți din tigaie și scurgeți bine și înmuiați în apă cu gheață până când carnea se răcește complet. Se scurge bine si se taie in 5 cm/2 bucati. Se amesteca toate ingredientele ramase si se toarna peste pui. Serviți ornat cu salată verde și coriandru.

bucăți crocante de pui

pentru 4 persoane

100 g / 4 oz făină simplă (toate scopuri)

vârf de cuțit de sare

15 ml/1 lingura de apa

1 ou

350 g / 12 oz pui gătit, tăiat cubulețe

ulei de prajit

Amestecați făina, sarea, apa și oul până obțineți un aluat destul de tare, adăugând puțină apă dacă este necesar. Înmuiați bucățile de pui în aluat până când sunt bine acoperite. Încinge uleiul până este foarte fierbinte și prăjește puiul câteva minute până devine crocant și auriu.

Pui cu fasole verde

pentru 4 persoane

45 ml / 3 linguri ulei de arahide (arahide)
450 g / 1 lb pui fiert, tocat
5 ml/1 lingurita de sare
2,5 ml / ½ linguriță piper proaspăt măcinat
8 oz / 225 g fasole verde, tăiată în bucăți
1 tulpină de țelină, tăiată în diagonală
225g / 8oz ciuperci, feliate
250 ml / 8 fl oz / 1 cană bulion de pui

30 ml / 2 linguri faina de porumb (amidon de porumb)
60 ml / 4 linguri de apă
10 ml / 2 lingurite sos de soia

Încinge uleiul şi prăjeşte puiul, asezonează cu sare şi piper până se rumeneşte uşor. Adăugaţi fasolea, ţelina şi ciupercile şi amestecaţi bine. Adăugaţi bulion, aduceţi la fierbere, acoperiţi şi fierbeţi timp de 15 minute. Se amestecă făina de porumb, apa şi sosul de soia într-o pastă, se amestecă în tigaie şi se fierbe, amestecând, până când sosul se subţiază şi se îngroaşă.

Pui fiert cu ananas

pentru 4 persoane

45 ml / 3 linguri ulei de arahide (arahide)
8 oz / 225 g pui gătit, tăiat cubuleţe
sare si piper proaspat macinat
2 tulpini de telina, taiate in diagonala
3 felii de ananas, tăiate în bucăţi
120 ml / 4 fl oz / ½ cană bulion de pui
15 ml/1 lingura sos de soia
10 ml / 2 linguri faina de porumb (amidon de porumb)
30 ml / 2 linguri de apă

Încinge uleiul și prăjește puiul până devine ușor auriu. Se condimentează cu sare și piper, se adaugă țelina și se prăjește 2 minute. Adăugați ananasul, bulionul și sosul de soia și amestecați câteva minute până se încălzesc. Amestecați făina de porumb și apa într-o pastă, amestecați în tigaie și fierbeți, amestecând, până când sosul se subțiază și se îngroașă.

Pui cu ardei si rosii

pentru 4 persoane

45 ml / 3 linguri ulei de arahide (arahide)
450 g / 1 lb pui fiert, feliat
10 ml / 2 lingurițe de sare
5 ml / 1 lingurita piper proaspat macinat
1 ardei gras verde taiat bucatele
4 roșii mari, fără coajă și tăiate felii
250 ml / 8 fl oz / 1 cană bulion de pui
30 ml / 2 linguri faina de porumb (amidon de porumb)
15 ml/1 lingura sos de soia
120 ml / 4 fl oz / ½ cană de apă

Se incinge uleiul si se prajeste puiul, se condimenteaza cu sare si piper pana devine auriu. Adăugați ardeii și roșiile. Se toarnă bulionul, se aduce la fierbere, se acoperă și se fierbe timp de 15 minute. Amestecați făina de porumb, sosul de soia și apa într-o pastă, amestecați în tigaie și fierbeți, amestecând, până când sosul se subțiază și se îngroașă.

pui cu susan

pentru 4 persoane

450 g / 1 lb pui fiert, tăiat fâșii
2 felii de ghimbir tocate marunt
1 ceapă primăvară (ceapă), tocată mărunt
sare si piper proaspat macinat
60 ml / 4 linguri vin de orez sau sherry uscat
60 ml / 4 linguri ulei de susan
10 ml / 2 lingurițe de zahăr
5 ml / 1 lingurita otet de vin
150 ml / ¼ pt / ½ cană generos sos de soia

Aranjați puiul pe o farfurie de servire și stropiți cu ghimbir, arpagic, sare și piper. Amestecați vinul sau sherry, uleiul de susan, zahărul, oțetul de vin și sosul de soia. Se toarnă peste pui.

pușini prăjiți

pentru 4 persoane

2 pușine, tăiate în jumătate
45 ml / 3 linguri sos de soia
45 ml / 3 linguri vin de orez sau sherry uscat
120 ml / 4 fl oz / ½ cană ulei de arahide (arahide)
1 ceapă primăvară (ceapă), tocată mărunt
30 ml / 2 linguri supă de pui
10 ml / 2 lingurițe de zahăr
5 ml/1 lingurita ulei de chili
5 ml / 1 linguriță pastă de usturoi
sare si piper

Puneți pușinele într-un castron. Amestecați sosul de soia și vinul sau sherry, turnați peste poussins, acoperiți și marinați timp de 2 ore, ungând frecvent. Încinge uleiul și prăjește pușinele timp de aproximativ 20 de minute până sunt bine fierte. Scoateți-le din tigaie și reîncălziți uleiul. Pune-le înapoi în tigaie și prăjești până se rumenesc. Scurgeți cea mai mare parte a uleiului. Se amestecă ingredientele rămase, se adaugă în tigaie și se încălzește rapid. Turnați peste pousins înainte de servire.

Turcia cu Mangetout

pentru 4 persoane

60 ml / 4 linguri ulei de arahide

2 ceai (cei), tocate

2 catei de usturoi macinati

1 felie de rădăcină de ghimbir, tocată

225 g / 8 oz piept de curcan, tăiat fâșii

8 oz / 225 g mazăre de zăpadă

100 g / 4 oz muguri de bambus, tăiați în fâșii

50g / 2oz castane de apă, tăiate fâșii

45 ml / 3 linguri sos de soia

15 ml / 1 lingura vin de orez sau sherry uscat

5 ml/1 lingurita de zahar

5 ml/1 lingurita de sare

15 ml / 1 lingură făină de porumb (amidon de porumb)

Se încălzesc 45 ml/3 linguri de ulei și se prăjesc ceapa primăvară, usturoiul și ghimbirul până devin ușor aurii. Se adauga curcanul si se prajeste 5 minute. Scoateți din tavă și lăsați deoparte. Încinge uleiul rămas și prăjește mazărea de zăpadă, lăstarii de bambus și castanele de apă timp de 3 minute. Adăugați sosul de soia, vinul sau sherry, zahărul și sarea și întoarceți curcanul în tigaie. Se caleste timp de 1 minut. Făina de porumb se amestecă cu puțină apă, se amestecă în tigaie și se fierbe la foc mic, amestecând, până când sosul se subțiază și se îngroașă.

Curcan cu ardei

pentru 4 persoane

4 ciuperci chinezești uscate
30 ml / 2 linguri ulei de arahide
1 bok choy, tăiat fâșii
350 g / 12 oz curcan afumat, tăiat fâșii
1 ceapă feliată
1 ardei gras rosu taiat fasii
1 ardei gras verde taiat fasii
120 ml / 4 fl oz / ½ cană bulion de pui
30 ml / 2 linguri piure de roșii (pastă)
45 ml / 3 linguri otet de vin
30 ml / 2 linguri sos de soia
15 ml/1 lingura sos hoisin
10 ml / 2 lingurițe de făină de porumb (amidon de porumb)

câteva picături de ulei de ardei iute

Înmuiați ciupercile în apă căldută timp de 30 de minute, apoi scurgeți-le. Aruncați tulpinile și tăiați vârfurile în fâșii. Se încălzește jumătate din ulei și se prăjește varza pentru aproximativ 5 minute sau până când este fiartă. Scoateți din tigaie. Adăugați curcanul și prăjiți timp de 1 minut. Adăugați legumele și prăjiți timp de 3 minute. Se amesteca bulionul cu piureul de rosii, otetul de vin si sosurile si se adauga in cratita cu varza. Amestecați amidonul de porumb cu puțină apă, amestecați în oală și aduceți la fierbere, amestecând. Stropiți cu ulei de chili și gătiți la foc mic timp de 2 minute, amestecând continuu.

friptură de curcan chinezesc

Se serveşte 8 până la 10

1 curcan mic

600 ml / 1 pt / 2½ căni de apă fierbinte

10 ml / 2 linguriţe ienibahar

500 ml / 16 fl oz / 2 căni de sos de soia

5 ml/1 lingurita ulei de susan

10 ml / 2 linguriţe de sare

45 ml / 3 linguri de unt

Puneti curcanul intr-o tigaie si turnati peste apa fierbinte. Adăugaţi restul ingredientelor cu excepţia untului şi lăsaţi să stea 1 oră, întorcându-se de mai multe ori. Scoateţi curcanul din lichid şi ungeţi cu unt. Se pune într-o tavă, se acoperă lejer cu hârtie de bucătărie şi se prăjeşte în cuptorul preîncălzit la 160°C/325°F/gaz 3 timp de aproximativ 4 ore, ungând din când în când cu lichidul de sos de soia. Îndepărtați folia și lăsați pielea să se crească în ultimele 30 de minute de gătit.

Curcan cu nuci si ciuperci

pentru 4 persoane

450 g / 1 kg file de piept de curcan

sare si piper

suc de 1 portocala

15 ml / 1 lingură făină simplă (toate scopuri)

12 nuci negre murate cu suc

5 ml / 1 lingurita faina de porumb (amidon de porumb)

15 ml / 1 lingura ulei de arahide

2 cepe de primăvară (cepe), tăiate cubulețe

225g / 8oz ciuperci

45 ml / 3 linguri vin de orez sau sherry uscat

10 ml / 2 lingurite sos de soia

50 g / 2 oz / ½ cană unt

25 g / 1 oz nuci de pin

Tăiați curcanul în felii groase de 1/2 cm. Se stropesc cu sare, piper si suc de portocale si se pudreaza cu faina. Scurgeți și tăiați nucile în jumătate, rezervând lichidul, și amestecați lichidul cu amidonul de porumb. Încinge uleiul și prăjește curcanul până devine auriu. Adăugați ceapa primăvară și ciupercile și prăjiți timp de 2 minute. Adăugați vinul sau sherry și sosul de soia și fierbeți timp de 30 de secunde. Adăugați nucile în amestecul de făină de porumb, apoi amestecați-le în tigaie și aduceți la fierbere. Adăugați untul în fulgi mici, dar nu lăsați amestecul să fiarbă. Prăjiți nucile de pin într-o tigaie uscată până devin aurii. Transferați amestecul de curcan pe o farfurie de servire caldă și serviți garnisit cu nuci de pin.

rață cu muguri de bambus

pentru 4 persoane

6 ciuperci chinezești uscate

1 rata

50g / 2oz șuncă afumată, tăiată fâșii

100 g / 4 oz muguri de bambus, tăiați în fâșii

2 cepe de primăvară (cepe), tăiate fâșii

2 felii de rădăcină de ghimbir, tăiate fâșii

5 ml/1 lingurita de sare

Înmuiați ciupercile în apă călduță timp de 30 de minute, apoi scurgeți-le. Aruncați tulpinile și tăiați vârfurile în fâșii. Puneți toate ingredientele într-un bol termorezistent și puneți-le într-o tigaie plină cu apă până când două treimi din bol este plină. Aduceți la fierbere, acoperiți și gătiți la foc mic timp de aproximativ 2 ore până când rața este gătită, completând cu apă clocotită, după cum este necesar.

Rață cu muguri de fasole

pentru 4 persoane

225 g / 8 oz muguri de fasole
45 ml / 3 linguri ulei de arahide (arahide)
450 g / 1 lb de carne de rață fiartă
15 ml/1 lingura sos de stridii
15 ml / 1 lingura vin de orez sau sherry uscat
30 ml / 2 linguri de apă
2,5 ml / ½ linguriță sare

Se albesc mugurii de fasole în apă clocotită timp de 2 minute, apoi se scurg. Încinge uleiul, prăjește mugurii de fasole timp de 30 de secunde. Se adaugă rața, se călește până se încălzește. Adăugați ingredientele rămase și prăjiți timp de 2 minute pentru a se amesteca aromele. Serviți deodată.

rață înăbușită

pentru 4 persoane

4 ceai (cei), tocate
1 felie de rădăcină de ghimbir, tocată
120 ml / 4 fl oz / ½ cană sos de soia
30 ml / 2 linguri vin de orez sau sherry uscat
1 rata
120 ml / 4 fl oz / ½ cană ulei de arahide (arahide)
600 ml / 1 pt / 2½ căni de apă
15 ml/1 lingura zahar brun

Amestecați ceapa primăvară, ghimbirul, sosul de soia și vinul sau sherry și frecați-l peste rața în interior și în exterior. Încinge uleiul și prăjește rața până devine ușor aurie pe toate părțile. Scurgeți uleiul. Adăugați apă și amestecul de sos de soia rămas, aduceți la fierbere, acoperiți și fierbeți timp de 1 oră. Adăugați zahărul, acoperiți și fierbeți încă 40 de minute până când rața este fragedă.

Rață la abur cu țelină

pentru 4 persoane

350g / 12oz rață fiartă, feliată

1 cap de telina

250 ml / 8 fl oz / 1 cană bulion de pui

2,5 ml / ½ linguriță sare

5 ml/1 lingurita ulei de susan

1 roșie, tăiată felii

Așezați rața pe un suport pentru aburi. Tăiați țelina în 7,5 cm / 3 bucăți lungi și puneți-o într-o tigaie. Se toarnă bulionul, se condimentează cu sare și se pune cuptorul cu abur peste tigaie. Aduceți bulionul la fiert, apoi fierbeți timp de aproximativ 15 minute până când țelina este fragedă și rața este încălzită. Aranjați rața și țelina pe o farfurie de servire încălzită, stropiți țelina cu ulei de susan și serviți garnisită cu felii de roșii.

rață cu ghimbir

pentru 4 persoane

350g / 12oz piept de rata, feliat subtire

1 ou, batut usor

5 ml/1 lingurita sos de soia

5 ml / 1 lingurita faina de porumb (amidon de porumb)

5 ml/1 lingurita ulei de arahide

ulei de prajit

50 g / 2 oz muguri de bambus

50 g / 2 oz mazăre de zăpadă

2 felii de rădăcină de ghimbir, tocate

15 ml/1 lingura de apa

2,5 ml / ½ linguriță zahăr

2,5 ml / ½ linguriță vin de orez sau sherry uscat

2,5 ml / ½ linguriță ulei de susan

Se amestecă rața cu oul, sosul de soia, amidonul de porumb și uleiul și se lasă să se odihnească 10 minute. Încinge uleiul și prăjește rața și lăstarii de bambus până sunt fierte și aurii. Scoateți din tigaie și scurgeți bine. Se toarnă toate, cu excepția 15 ml / 1 lingură de ulei din tigaie și se călesc rața, lăstarii de bambus, mazărea de zăpadă, ghimbirul, apă, zahărul și vinul sau sherry timp de 2 minute. Se serveste stropita cu ulei de susan.

Rață cu fasole verde

pentru 4 persoane

1 rata

60 ml / 4 linguri ulei de arahide

2 catei de usturoi macinati

2,5 ml / ½ linguriță sare

1 ceapa tocata

15 ml / 1 lingură rădăcină de ghimbir ras

45 ml / 3 linguri sos de soia

120 ml / 4 fl oz / ½ cană vin de orez sau sherry uscat

60 ml / 4 linguri sos de rosii (ketchup)

45 ml / 3 linguri otet de vin

300 ml / ½ pt / 1¼ cani supa de pui

1 kilogram / 450 g fasole verde, feliată

praf de piper proaspat macinat

5 picături de ulei de chili

15 ml / 1 lingură făină de porumb (amidon de porumb)

30 ml / 2 linguri de apă

Tăiați rața în 8-10 bucăți. Se încălzește uleiul și se prăjește rața până devine aurie. Transferați într-un castron. Adăugați usturoiul, sarea, ceapa, ghimbirul, sosul de soia, vinul sau sherry, sosul de roșii și oțetul de vin. Amestecați, acoperiți și marinați la frigider timp de 3 ore.

Reîncălziți uleiul, adăugați rața, bulionul și marinata, aduceți la fierbere, acoperiți și fierbeți timp de 1 oră. Adăugați fasolea, acoperiți și fierbeți timp de 15 minute. Adăugați ardeiul și uleiul de ardei iute. Se amestecă făina de porumb cu apa, se amestecă în tigaie și se fierbe la foc mic, amestecând, până se îngroașă sosul.

rață prăjită la abur

pentru 4 persoane

1 rata
sare si piper proaspat macinat
ulei de prajit
sos hoisin

Se condimentează rața cu sare și piper și se pune într-un bol termorezistent. Se pune într-o cratiță umplută cu apă până când are două treimi din înălțimea recipientului, se aduce la fierbere, se acoperă și se fierbe aproximativ 1 1/2 ore până când rața este fragedă. Se scurge si se lasa sa se raceasca.

Încinge uleiul și prăjește rața până devine crocantă și aurie. Scoateți și scurgeți bine. Tăiați în bucăți mici și serviți cu sos hoisin.

Rață cu fructe exotice

pentru 4 persoane

4 fileuri de piept de rata, taiate fasii
2,5 ml / ½ linguriță pudră de cinci condimente
30 ml / 2 linguri sos de soia
15 ml/1 lingura ulei de susan
15 ml / 1 lingura ulei de arahide
3 tulpini de telina, taiate cubulete
2 felii de ananas, taiate cubulete
100g / 4oz pepene galben, tăiat cubulețe
4 oz / 100 g lychees, tăiate la jumătate
130 ml / 4 fl oz / ½ cană bulion de pui
30 ml / 2 linguri piure de roșii (pastă)
30 ml / 2 linguri sos hoisin
10 ml / 2 lingurițe de oțet de vin
praf de zahar brun

Pune rața într-un castron. Se amestecă pudra cu cinci condimente, sosul de soia și uleiul de susan, se toarnă peste rață și se lasă la marinat timp de 2 ore, amestecând din când în când. Încinge uleiul și prăjește rața timp de 8 minute. Scoateți din tigaie. Adăugați țelina și fructele și prăjiți timp de 5 minute. Rața se pune înapoi în tigaie cu restul ingredientelor, se aduce la fierbere și se fierbe, amestecând, timp de 2 minute înainte de servire.

Rață înăbușită cu frunze chinezești

pentru 4 persoane

1 rata

30 ml / 2 linguri vin de orez sau sherry uscat

30 ml / 2 linguri sos hoisin

15 ml / 1 lingură făină de porumb (amidon de porumb)

5 ml/1 lingurita de sare

5 ml/1 lingurita de zahar

60 ml / 4 linguri ulei de arahide

4 ceai (cei), tocate

2 catei de usturoi macinati

1 felie de rădăcină de ghimbir, tocată

75 ml / 5 linguri sos de soia

600 ml / 1 pt / 2½ căni de apă

8 oz / 225 g frunze chinezești, mărunțite

Tăiați rața în aproximativ 6 bucăți. Amestecați vinul sau sherry, sosul hoisin, amidonul de porumb, sarea și zahărul și frecați rața. Se lasa sa stea 1 ora. Încinge uleiul și prăjește ceapa primăvară, usturoiul și ghimbirul pentru câteva secunde. Adăugați rața și prăjiți până devine ușor auriu pe toate părțile. Scurgeți orice exces de grăsime. Turnați sosul de soia și apă, aduceți la fiert, acoperiți și fierbeți timp de aproximativ 30 de minute. Adăugați frunzele chinezești, acoperiți din nou și fierbeți încă 30 de minute până când rața este fragedă.

rață beată

pentru 4 persoane

2 ceai (cei), tocate
2 catei de usturoi tocati
1,5 l / 2½ puncte / 6 căni de apă
1 rata
450 ml / ¾ pt / 2 cani de vin de orez sau sherry uscat

Puneți arpagicul, usturoiul și apa într-o oală mare și aduceți la fierbere. Se adaugă rața, se pune la fiert, se acoperă și se fierbe timp de 45 de minute. Scurgeți bine, rezervând lichidul pentru bulion. Lăsați rața să se răcească, apoi dați la frigider peste noapte. Tăiați rața în bucăți și puneți-le într-un borcan mare cu capac cu șurub. Se toarnă peste vin sau sherry și se răcește aproximativ 1 săptămână înainte de a se scurge și a se servi rece.

cinci condimente rață

pentru 4 persoane

150 ml / ¼ pt / ½ cană generos de vin de orez sau sherry uscat
150 ml / ¼ pt / ½ cană generos sos de soia
1 rata
10 ml / 2 lingurițe praf de cinci condimente

Aduceți vinul sau sherry și sosul de soia la fiert. Adăugați rața și fierbeți, răsucind aproximativ 5 minute. Scoateți rata din tigaie și frecați pulberea cu cinci condimente în piele. Întoarceți pasărea în tigaie și adăugați suficientă apă pentru a acoperi rața pe jumătate. Aduceți la fierbere, acoperiți și gătiți la foc mic timp de aproximativ 1 1/2 oră, până când rața este fragedă, întorcându-se și ungând frecvent. Tăiați rața în 5 cm / 2 bucăți și serviți cald sau rece.

Rață prăjită cu ghimbir

pentru 4 persoane

1 rata
2 felii de rădăcină de ghimbir, rasă
2 ceai (cei), tocate
15 ml / 1 lingură făină de porumb (amidon de porumb)
30 ml / 2 linguri sos de soia
30 ml / 2 linguri vin de orez sau sherry uscat
2,5 ml / ½ linguriță sare
45 ml / 3 linguri ulei de arahide (arahide)

Scoateți carnea de pe oase și tăiați-o în bucăți. Amestecați carnea cu toate ingredientele rămase, cu excepția uleiului. Se lasa sa stea 1 ora. Încinge uleiul și prăjește rața în marinată timp de aproximativ 15 minute până când rața este fragedă.

Rață cu șuncă și praz

pentru 4 persoane

1 rata

450 g / 1 kg sunca afumata

2 praz

2 felii de rădăcină de ghimbir, tocate

45 ml / 3 linguri vin de orez sau sherry uscat

45 ml / 3 linguri sos de soia

2,5 ml / ½ linguriță sare

Așezați rata într-o tigaie și acoperiți-o cu apă rece. Aduceți la fierbere, acoperiți și gătiți la foc mic timp de aproximativ 20 de minute. Scurgeți și rezervați 450 ml / ¾ puncte / 2 căni de bulion. Lasam rata sa se raceasca putin, apoi taiem carnea de pe oase si taiem patrate de 5 cm. Tăiați șunca în bucăți similare. Tăiați bucăți lungi de praz și rulați o felie de rață și șuncă în interiorul foii și legați cu sfoară. Puneți într-un recipient rezistent la căldură. Adăugați ghimbirul, vinul sau sherry, sosul de soia și sarea în bulionul rezervat și turnați peste rulourile de rață. Pune vasul într-o cratiță plină cu apă până când ajunge la două treimi din marginea bolului. Aduceți la fierbere, acoperiți și gătiți la foc mic timp de aproximativ 1 oră până când rața este fragedă.

rață friptă cu miere

pentru 4 persoane

1 rata

sare

3 catei de usturoi, macinati

3 ceai (cei), tocate

45 ml / 3 linguri sos de soia

45 ml / 3 linguri vin de orez sau sherry uscat

45 ml / 3 linguri de miere

200 ml / 7 fl oz / puțină 1 cană apă clocotită

Uscați rata și frecați-o cu sare în interior și în exterior. Amestecați usturoiul, ceapa primăvară, sosul de soia și vinul sau sherry, apoi împărțiți amestecul în jumătate. Se amestecă mierea în jumătate și se freacă pe rață, apoi se lasă să se usuce. Adăugați apă la amestecul de miere rămas. Se toarnă amestecul de sos de soia în cavitatea rației și se pune pe un grătar într-o tigaie cu puțină apă în fund. Prăjiți într-un cuptor preîncălzit la 180°C/350°F/gaz 4 timp de aproximativ 2 ore până când rața este fragedă, ungeți-o pe tot parcursul gătitului cu amestecul de miere rămas.

rață friptă umedă

pentru 4 persoane

6 cepe de primăvară (cepe), tocate

2 felii de rădăcină de ghimbir, tocate

1 rata

2,5 ml / ½ linguriță de anason măcinat

15 ml / 1 lingura zahar

45 ml / 3 linguri vin de orez sau sherry uscat

60 ml / 4 linguri sos de soia

250 ml / 8 fl oz / 1 cană de apă

Puneți jumătate din ceai și ghimbir într-o tigaie mare, cu bază grea. Puneți restul în cavitatea rației și adăugați-l în tigaie. Adăugați toate ingredientele rămase, cu excepția sosului hoisin, aduceți la fierbere, acoperiți și fierbeți aproximativ 1 1/2 oră, întorcându-le din când în când. Scoateți rata din tigaie și lăsați-o să se usuce aproximativ 4 ore.

Pune rața pe un grătar într-o tigaie umplută cu puțină apă rece. Se prăjește într-un cuptor preîncălzit la 230°C/450°F/gaz 8 timp de 15 minute, apoi se răstoarnă și se prăjește încă 10 minute până devine crocantă. Între timp, reîncălziți lichidul rezervat și turnați peste rață pentru a servi.

Rață sotă cu ciuperci

pentru 4 persoane

1 rata

75 ml / 5 linguri ulei de arahide (arahide)

45 ml / 3 linguri vin de orez sau sherry uscat

15 ml/1 lingura sos de soia

15 ml / 1 lingura zahar

5 ml/1 lingurita de sare

praf de piper

2 catei de usturoi macinati

225g / 8oz ciuperci, tăiate în jumătate

600 ml / 1 pt / 2½ căni de supă de pui

15 ml / 1 lingură făină de porumb (amidon de porumb)

30 ml / 2 linguri de apă

5 ml/1 lingurita ulei de susan

Rața se toacă în 5 cm / 2 bucăți, se încinge 45 ml / 3 linguri de ulei și se prăjește rața până devine ușor aurie pe toate părțile. Adăugați vinul sau sherry, sosul de soia, zahărul, sare și piper și gătiți timp de 4 minute. Scoateți din tigaie. Se încălzește uleiul rămas și se prăjește usturoiul până devine ușor auriu. Adăugați ciupercile și amestecați până când sunt acoperite cu ulei, apoi puneți amestecul de rață înapoi în tigaie și adăugați bulionul.

Aduceți la fierbere, acoperiți și gătiți la foc mic timp de aproximativ 1 oră până când rața este fragedă. Amestecați făina de porumb și apa până obțineți o pastă, apoi amestecați-o în amestec și fierbeți, amestecând, până când sosul se îngroașă. Stropiți cu ulei de susan și serviți.

rață cu două ciuperci

pentru 4 persoane

6 ciuperci chinezești uscate

1 rata

750 ml / 1 ¼ puncte / 3 căni supă de pui

45 ml / 3 linguri vin de orez sau sherry uscat

5 ml/1 lingurita de sare

100 g / 4 oz muguri de bambus, tăiați în fâșii

100 g / 4 oz ciuperci

Înmuiați ciupercile în apă călduță timp de 30 de minute, apoi scurgeți-le. Aruncați tulpinile și tăiați vârfurile în jumătate. Puneți rața într-un castron mare termorezistent cu bulionul, vinul sau sherry și sare și puneți-o într-o cratiță umplută cu apă, astfel încât să ajungă la două treimi în sus pe marginile vasului. Se aduce la fierbere, se acoperă și se fierbe la foc mic aproximativ 2 ore până când rața este fragedă. Scoateți din tigaie și tăiați carnea de pe os. Transferați lichidul de gătit într-o tigaie separată. Așezați lăstarii de bambus și ambele tipuri de ciuperci în fundul vasului cu abur, înlocuiți carnea de rață, acoperiți și fierbeți la abur încă 30 de minute. Aduceți lichidul de gătit la fierbere și turnați peste rață pentru a servi.

Rață înăbușită cu ceapă

pentru 4 persoane

4 ciuperci chinezești uscate
1 rata
90 ml / 6 linguri sos de soia
60 ml / 4 linguri ulei de arahide
1 ceapă de primăvară (ceapă), tocată
1 felie de rădăcină de ghimbir, tocată
45 ml / 3 linguri vin de orez sau sherry uscat
1 kilogram / 450 g ceapă, feliată
100 g / 4 oz muguri de bambus, feliați
15 ml/1 lingura zahar brun
15 ml / 1 lingură făină de porumb (amidon de porumb)
45 ml / 3 linguri de apă

Înmuiați ciupercile în apă călduță timp de 30 de minute, apoi scurgeți-le. Aruncați tulpinile și tăiați vârfurile. Ungeți 15 ml / 1 lingură de sos de soia în rață. Rezervați 15 ml/1 lingură de ulei, încălziți uleiul rămas și prăjiți ceapa primăvară și ghimbirul până devin ușor aurii. Adăugați rața și prăjiți până devine ușor auriu pe toate părțile. Elimină grăsimea excesivă. Adăugați vinul sau sherry, sosul de soia rămas în tigaie și suficientă apă pentru a acoperi aproape rata. Aduceți la fierbere, acoperiți și gătiți la foc mic timp de 1 oră, întorcându-le din când în când.

Se încălzește uleiul rezervat și se prăjește ceapa până se înmoaie. Se ia de pe foc și se adaugă lăstarii de bambus și ciupercile, apoi se adaugă la rață, se acoperă și se mai fierbe încă 30 de minute până când rața este fragedă. Scoateți rata din tigaie, tăiați-o bucăți și puneți-o pe o farfurie fierbinte de servire. Aduceți lichidele din oală la fiert, adăugați zahărul și amidonul de porumb și fierbeți, amestecând, până când amestecul fierbe și se îngroașă. Se toarnă peste rață pentru a servi.

Rață cu Portocală

pentru 4 persoane

1 rata
3 cepe de primăvară (cepe), tăiate în bucăți
2 felii de rădăcină de ghimbir, tăiate fâșii
1 felie de coajă de portocală
sare si piper proaspat macinat

Puneți rata într-o oală mare, acoperiți cu apă și aduceți la fierbere. Adăugați ceapa primăvară, ghimbirul și coaja de portocală, acoperiți și fierbeți timp de aproximativ 1 1/2 ore până când rața este fragedă. Se condimenteaza cu sare si piper, se scurge si se serveste.

friptură de rață cu portocale

pentru 4 persoane

1 rata

2 catei de usturoi taiati in jumatate

45 ml / 3 linguri ulei de arahide (arahide)

1 ceapă

1 portocală

120 ml / 4 fl oz / ½ cană vin de orez sau sherry uscat

2 felii de rădăcină de ghimbir, tocate

5 ml/1 lingurita de sare

Frecați usturoiul peste rață în interior și în exterior, apoi ungeți cu ulei. Ceapa decojită se găsește cu o furculiță, se pune împreună cu portocala nedecojită în interiorul cavității rații și se etanșează cu o frigărui. Așezați rața pe un grătar peste o tavă umplută cu puțină apă fierbinte și coaceți-o într-un cuptor preîncălzit la 160°C/325°F/gaz mark 3 timp de aproximativ 2 ore. Aruncați lichidele și readuceți rața în tigaie. Se toarnă peste vin sau sherry și se stropește cu ghimbir și sare. Reveniți la cuptor pentru încă 30 de minute. Aruncați ceapa și portocala și tăiați rața în bucăți pentru a servi. Turnați sucul din tigaie peste rață pentru a servi.

Rață cu Pere și Castane

pentru 4 persoane

8 oz / 225 g castane, decojite

1 rata

45 ml / 3 linguri ulei de arahide (arahide)

250 ml / 8 fl oz / 1 cană bulion de pui

45 ml / 3 linguri sos de soia

15 ml / 1 lingura vin de orez sau sherry uscat

5 ml/1 lingurita de sare

1 felie de rădăcină de ghimbir, tocată

1 para mare, curatata de coaja si taiata felii groase

15 ml / 1 lingura zahar

Se fierb castanele timp de 15 minute și se scurg. Tăiați rața în 5 cm / 2 bucăți. Se încălzește uleiul și se prăjește rața până devine ușor aurie pe toate părțile. Scurgeți orice exces de ulei, apoi adăugați bulionul, sosul de soia, vinul sau sherry, sare și ghimbirul. Aduceți la fierbere, acoperiți și fierbeți timp de 25 de minute, amestecând din când în când. Adăugați castanele, acoperiți și fierbeți încă 15 minute. Pudrați pera cu zahăr, adăugați-o în tigaie și fierbeți timp de aproximativ 5 minute până se încălzește.

rață Peking

pentru 6

1 rata

250 ml / 8 fl oz / 1 cană de apă

120 ml / 4 fl oz / ½ cană miere

120 ml / 4 fl oz / ½ cană ulei de susan

Pentru clătite:

250 ml / 8 fl oz / 1 cană de apă

225 g / 8 oz / 2 căni de făină simplă (toate scopuri)

ulei de arahide pentru prajit

Pentru sosuri:

120 ml / 4 fl oz / ½ cană sos hoisin

30 ml / 2 linguri zahăr brun

30 ml / 2 linguri sos de soia

5 ml/1 lingurita ulei de susan

6 cepe de primăvară (cepe), tăiate pe lungime

1 castravete tăiat fâșii

Rața trebuie să fie întreagă, cu pielea intactă. Legați strâns gâtul cu sfoară și coaseți sau atașați deschiderea de jos. Tăiați o mică fante în partea laterală a gâtului, introduceți un pai și suflați aer sub piele până când se umflă. Se suspendă rata peste un lighean și se lasă să se odihnească timp de 1 oră.

Aduceți o cratiță cu apă la fiert, adăugați rața și fierbeți 1 minut, apoi îndepărtați și uscați bine. Aduceți apa la fiert și adăugați mierea. Frecați amestecul peste pielea de rață până se saturează. Atârnă rața peste un recipient într-un loc răcoros și aerisit timp de aproximativ 8 ore până când pielea devine tare.

Suspendați rața sau puneți-o pe un grătar peste o tigaie și prăjiți-l într-un cuptor preîncălzit la 180°C/350°F/marcă de gaz 4 timp de aproximativ 1 oră și jumătate, ungeți regulat cu ulei de susan.

Pentru a face clătitele, aduceți apa la fiert, apoi adăugați treptat făina. Se framanta usor pana cand aluatul este moale, se acopera cu o carpa umeda si se lasa sa se odihneasca 15 minute. Se intinde pe o suprafata infainata si se modeleaza un cilindru lung. Tăiați în felii de 2,5 cm / 1 în, apoi aplatizați la aproximativ 5 mm / ¼ grosime și ungeți deasupra cu ulei. Stivuiți în perechi cu suprafețele unse cu ulei care se ating și pudrați ușor afară cu făină. Întindeți perechile la aproximativ 10 cm/4in lățime și gătiți în perechi aproximativ 1 minut pe fiecare parte până devin ușor aurii. Separați și stivuiți până când sunt gata de servire.

Pregătiți sosurile amestecând jumătate din sosul hoisin cu zahărul și amestecând restul sosului hoisin cu sosul de soia și uleiul de susan.

Scoatem rata din cuptor, taiem pielea si taiem patrate, iar carnea taiem cubulete. Aranjați pe farfurii separate și serviți cu clătite, sosuri și garnituri.

Rață înăbușită cu ananas

pentru 4 persoane

1 rata

400 g / 14 oz bucăți de ananas conservate în sirop

45 ml / 3 linguri sos de soia

5 ml/1 lingurita de sare

praf de piper proaspat macinat

Puneți rata într-o tigaie cu bază groasă, acoperiți doar cu apă, aduceți la fierbere, apoi acoperiți și fierbeți timp de 1 oră. Scurgeți siropul de ananas în tigaia cu sosul de soia, sare și piper, acoperiți și fierbeți încă 30 de minute. Adăugați bucățile de ananas și fierbeți încă 15 minute până când rața este fragedă.

Rață sotă cu ananas

pentru 4 persoane

1 rata

45 ml / 3 linguri faina de porumb (amidon de porumb)

45 ml / 3 linguri sos de soia

225 g / 8 oz ananas conservat în sirop

45 ml / 3 linguri ulei de arahide (arahide)

2 felii de rădăcină de ghimbir, tăiate fâșii

15 ml / 1 lingura vin de orez sau sherry uscat

5 ml/1 lingurita de sare

Tăiați carnea de pe os și tăiați-o în bucăți. Amestecați sosul de soia cu 30 ml / 2 linguri de făină de porumb și amestecați în rață până se îmbracă bine. Lasă să stea 1 oră, amestecând din când în când. Zdrobiți ananasul și siropul și încălziți ușor într-o tigaie. Se amestecă făina de porumb rămasă cu puțină apă, se amestecă în tigaie și se fierbe la foc mic, amestecând, până se îngroașă sosul. Stați cald. Se încălzește uleiul și se prăjește ghimbirul până devine ușor auriu, apoi se aruncă ghimbirul. Adăugați rața și prăjiți până devine ușor auriu pe toate părțile. Adăugați vinul sau sherry și sarea și prăjiți încă câteva minute până când rața este fiartă. Aranjați rața pe o farfurie de servire încălzită, turnați peste sos și serviți imediat.

Ananas Ghimbir Rață

pentru 4 persoane

1 rata
100 g / 4 oz ghimbir conservat în sirop
200 g / 7 oz bucăți de ananas conservate în sirop
5 ml/1 lingurita de sare
15 ml / 1 lingură făină de porumb (amidon de porumb)
30 ml / 2 linguri de apă

Aranjați rața într-un castron termorezistent și puneți-o într-o tigaie plină cu apă până când ajunge la două treimi din marginea bolului. Se aduce la fierbere, se acoperă și se fierbe la foc mic aproximativ 2 ore până când rața este fragedă. Scoateți rata și lăsați să se răcească puțin. Scoateți pielea și osul și tăiați rața în bucăți. Se aranjează pe un platou de servire și se păstrează la cald.

Scurgeți ghimbirul și siropul de ananas într-o tigaie, adăugați sarea, mălaiul și apa. Se aduce la fierbere, amestecând, și se fierbe câteva minute, amestecând, până când sosul se subțiază și se îngroașă. Adăugați ghimbirul și ananasul, amestecați și turnați peste rață pentru a servi.

Rață cu ananas și litchi

pentru 4 persoane

4 piept de rata
15 ml/1 lingura sos de soia
1 cuișoare de anason stelat
1 felie de rădăcină de ghimbir
ulei de arahide pentru prajit
90 ml / 6 linguri de otet de vin
100 g / 4 oz / ½ cană zahăr brun
250 ml / 8 fl oz / ½ cană bulion de pui
15 ml / 1 lingura sos de rosii (ketchup)
200 g / 7 oz bucăți de ananas conservate în sirop
15 ml / 1 lingură făină de porumb (amidon de porumb)
6 conserve de litchi
6 cirese maraschino

Intr-o cratita se pun ratele, sosul de soia, anasonul si ghimbirul si se acopera cu apa rece. Aduceți la fierbere, degresați, apoi acoperiți și fierbeți timp de aproximativ 45 de minute până când rața este fiartă. Scurgeți și uscați. Se prăjește în ulei încins până devine crocant.

Între timp, combinați oțetul de vin, zahărul, bulionul, sosul de roșii și 30 ml/2 linguri de sirop de ananas într-o cratiță, aduceți la fierbere și fierbeți timp de aproximativ 5 minute până se îngroașă. Adăugați fructele și încălziți înainte de a turna peste rață pentru a servi.

Rață cu Porc și Castane

pentru 4 persoane
6 ciuperci chinezești uscate
1 rata
8 oz / 225 g castane, decojite
225g / 8oz carne de porc slabă, tăiată cubulețe
3 ceai (cei), tocate
1 felie de rădăcină de ghimbir, tocată
250 ml / 8 fl oz / 1 cană sos de soia
900 ml / 1½ puncte / 3¾ cani de apă

Înmuiați ciupercile în apă căldută timp de 30 de minute, apoi scurgeți-le. Aruncați tulpinile și tăiați vârfurile. Puneți într-o tigaie mare cu toate ingredientele rămase, aduceți la fierbere, acoperiți și fierbeți aproximativ 1 1/2 oră până când rața este gătită.

Rață cu cartofi

pentru 4 persoane

75 ml / 5 linguri ulei de arahide (arahide)

1 rata

3 catei de usturoi, macinati

30 ml / 2 linguri sos de fasole neagra

10 ml / 2 lingurițe de sare

1,2 l / 2 puncte / 5 căni de apă

2 praz, feliat gros

15 ml / 1 lingura zahar

45 ml / 3 linguri sos de soia

60 ml / 4 linguri vin de orez sau sherry uscat

1 cuișoare de anason stelat

900 g / 2 lb cartofi, feliați gros

½ cap de frunze chinezești

15 ml / 1 lingură făină de porumb (amidon de porumb)

30 ml / 2 linguri de apă

crengute de pătrunjel cu frunze plate

Se încălzesc 60 ml / 4 linguri de ulei și se prăjește rața până se rumenește pe toate părțile. Legați sau coaseți capătul gâtului și puneți rața, cu gâtul în jos, într-un castron adânc. Se încălzește uleiul rămas și se prăjește usturoiul până devine ușor auriu.

Adăugați sosul de fasole neagră și sare și prăjiți timp de 1 minut. Adăugați apa, prazul, zahărul, sosul de soia, vinul sau sherry și anasonul stelat și aduceți la fiert. Turnați 120 ml / 8 fl oz / 1 cană de amestec în cavitatea raței și legați sau coaseți pentru a se fixa. Aduceți restul amestecului la fierbere în tigaie. Se adaugă rața și cartofii, se acoperă și se fierbe timp de 40 de minute, întorcând rața o dată. Aranjați frunzele chinezești pe o farfurie de servire. Scoateți rața din tigaie, taiati in 5 cm/2 bucati si asezati pe farfuria de servire cu cartofii. Amestecați făina de porumb cu apa până obțineți o pastă, amestecați-o în tigaie și gătiți la foc mic, amestecând, până se îngroașă sosul.

Rață Fiartă Roșie

pentru 4 persoane

1 rata
4 cepe de primăvară (cepe), tăiate în bucăți
2 felii de rădăcină de ghimbir, tăiate fâșii
90 ml / 6 linguri sos de soia
45 ml / 3 linguri vin de orez sau sherry uscat
10 ml / 2 lingurițe de sare
10 ml / 2 lingurițe de zahăr

Puneți rata într-o tigaie grea, acoperiți cu apă și aduceți la fierbere. Adăugați arpagicul, ghimbirul, vinul sau sherry și sare, acoperiți și fierbeți timp de aproximativ 1 oră. Adăugați zahărul și fierbeți încă 45 de minute până când rața este fragedă. Tăiați rața pe o farfurie de servire și o serviți caldă sau rece, cu sau fără sos.

Rață prăjită cu vin de orez

pentru 4 persoane

1 rata

500 ml / 14 fl oz / 1¾ cani de vin de orez sau sherry uscat

5 ml/1 lingurita de sare

45 ml / 3 linguri sos de soia

Pune rața într-o tigaie tare cu sherry și sare, se aduce la fierbere, se acoperă și se fierbe la foc mic timp de 20 de minute. Scurgeți rata, rezervând lichidul și frecați-o cu sos de soia. Puneți pe un grătar într-o tigaie umplută cu puțină apă fierbinte și prăjiți în cuptorul preîncălzit la 180°C / 350°F / marca de gaz 4 timp de aproximativ 1 oră, ungând regulat cu lichidul de vin rezervat.

Rață la abur cu vin de orez

pentru 4 persoane

1 rata
4 ceai (opați), tăiați în jumătate
1 felie de rădăcină de ghimbir, tocată
250 ml / 8 fl oz / 1 cană vin de orez sau sherry uscat
30 ml / 2 linguri sos de soia
vârf de cuțit de sare

Se fierbe rața în apă clocotită timp de 5 minute și se scurge. Puneți într-un bol termorezistent cu ingredientele rămase. Pune vasul într-o cratiță plină cu apă până când ajunge la două treimi din marginea bolului. Se aduce la fierbere, se acoperă și se fierbe la foc mic aproximativ 2 ore până când rața este fragedă. Aruncați arpagicul și ghimbirul înainte de servire.

rață sărată

pentru 4 persoane

45 ml / 3 linguri ulei de arahide (arahide)

4 piept de rata

3 cepe de primăvară (cepe), tăiate felii

2 catei de usturoi macinati

1 felie de rădăcină de ghimbir, tocată

250 ml / 8 fl oz / 1 cană sos de soia

30 ml / 2 linguri vin de orez sau sherry uscat

30 ml / 2 linguri zahăr brun

5 ml/1 lingurita de sare

450 ml / ¾ pt / 2 căni de apă

15 ml / 1 lingură făină de porumb (amidon de porumb)

Se incinge uleiul si se prajesc pieptul de rata pana devin aurii. Adăugați arpagicul, usturoiul și ghimbirul și prăjiți timp de 2 minute. Adăugați sosul de soia, vinul sau sherry, zahărul și sarea și amestecați bine. Adăugați apă, aduceți la fiert, acoperiți și fierbeți timp de aproximativ 1 1/2 oră până când carnea este foarte fragedă. Făina de porumb se amestecă cu puțină apă, apoi se amestecă în tigaie și se fierbe la foc mic, amestecând, până se îngroașă sosul.

Rață sărată cu fasole verde

pentru 4 persoane

45 ml / 3 linguri ulei de arahide (arahide)

4 piept de rata

3 cepe de primăvară (cepe), tăiate felii

2 catei de usturoi macinati

1 felie de rădăcină de ghimbir, tocată

250 ml / 8 fl oz / 1 cană sos de soia

30 ml / 2 linguri vin de orez sau sherry uscat

30 ml / 2 linguri zahăr brun

5 ml/1 lingurita de sare

450 ml / ¾ pt / 2 căni de apă

225g / 8oz fasole verde

15 ml / 1 lingură făină de porumb (amidon de porumb)

Se incinge uleiul si se prajesc pieptul de rata pana devin aurii. Adăugați arpagicul, usturoiul și ghimbirul și prăjiți timp de 2 minute. Adăugați sosul de soia, vinul sau sherry, zahărul și sarea și amestecați bine. Adăugați apa, aduceți la fiert, acoperiți și fierbeți timp de aproximativ 45 de minute. Adăugați fasolea, acoperiți și fierbeți încă 20 de minute. Făina de porumb se amestecă cu puțină apă, apoi se amestecă în tigaie și se fierbe la foc mic, amestecând, până se îngroașă sosul.

rață gătită lent

pentru 4 persoane

1 rata

50 g / 2 oz / ½ cană făină de porumb (amidon de porumb)

ulei de prajit

2 catei de usturoi macinati

30 ml / 2 linguri vin de orez sau sherry uscat

30 ml / 2 linguri sos de soia

5 ml / 1 linguriță rădăcină de ghimbir rasă

750 ml / 1¼ puncte / 3 căni supă de pui

4 ciuperci chinezești uscate

225g / 8oz muguri de bambus, feliați

225g / 8oz castane de apă, feliate

10 ml / 2 lingurițe de zahăr

praf de piper

5 cepe de primăvară (cepe), tăiate felii

Tăiați rața în bucăți mici. Rezervați 30 ml / 2 linguri de făină de porumb și acoperiți rața cu făina de porumb rămasă. Curăță excesul de praf. Încinge uleiul și prăjește usturoiul și rața până devin ușor aurii. Scoatem din tava si scurgem pe hartie de bucatarie. Pune rața într-o tigaie mare. Amestecați vinul sau sherry, 15 ml/1 lingură sos de soia și ghimbirul. Se adaugă în tigaie și se fierbe la foc mare timp de 2 minute. Adăugați jumătate din bulion, aduceți la fierbere, acoperiți și fierbeți timp de aproximativ 1 oră până când rața este fragedă.

Între timp, înmuiați ciupercile în apă caldă timp de 30 de minute, apoi scurgeți-le. Aruncați tulpinile și tăiați vârfurile. Adăugați ciupercile, lăstarii de bambus și castanele de apă la rață și gătiți, amestecând frecvent, timp de 5 minute. Scoateți grăsimea din lichid. Amestecați bulionul rămas, făina de porumb și sosul de soia cu zahărul și piperul și amestecați în tigaie. Aduceți la fiert, amestecând, apoi fierbeți aproximativ 5 minute până când sosul se îngroașă. Transferați într-un bol de servire fierbinte și serviți ornat cu arpagic.

Rață sotă

pentru 4 persoane

1 albus de ou, batut usor

20 ml / 1½ lingură făină de porumb (amidon de porumb)

sare

450 g / 1 lb piept de rata, feliat subtire

45 ml / 3 linguri ulei de arahide (arahide)

2 cepe de primăvară (cepe), tăiate fâșii

1 ardei gras verde taiat fasii

5 ml / 1 linguriță vin de orez sau sherry uscat

75 ml / 5 linguri supă de pui

2,5 ml / ½ linguriță zahăr

Bate albusul spuma cu 15 ml/1 lingura de porumb si un praf de sare. Adăugați rața feliată și amestecați până când rața este acoperită. Încinge uleiul și prăjește rața până când este bine fiartă și aurie. Scoateți rața din tigaie și scurgeți toate, în afară de 30 ml / 2 linguri de ulei. Adăugați ceapa primăvară și ardeiul gras și prăjiți timp de 3 minute. Adăugați vinul sau sherry, bulionul și zahărul și aduceți la fiert. Se amestecă făina de porumb rămasă cu puțină apă, se amestecă în sos și se fierbe, amestecând, până se îngroașă sosul. Adăugați rața, încălziți și serviți.

rață cu cartofi dulci

pentru 4 persoane

1 rata

250 ml / 8 fl oz / 1 cană ulei de arahide (arahide)

225 g de cartofi dulci, curățați și tăiați cuburi

2 catei de usturoi macinati

1 felie de rădăcină de ghimbir, tocată

2,5 ml / ½ linguriță scorțișoară

2,5 ml / ½ linguriță cuișoare măcinate

un praf de anason macinat

5 ml/1 lingurita de zahar

15 ml/1 lingura sos de soia

250 ml / 8 fl oz / 1 cană bulion de pui

15 ml / 1 lingură făină de porumb (amidon de porumb)

30 ml / 2 linguri de apă

Tăiați rața în 5 cm / 2 bucăți. Se încălzește uleiul și se prăjesc cartofii până se rumenesc. Scoateți-le din tigaie și scurgeți toate, în afară de 30 ml / 2 linguri de ulei. Adăugați usturoiul și ghimbirul și prăjiți timp de 30 de secunde. Adăugați rața și prăjiți până devine ușor auriu pe toate părțile. Adăugați condimentele, zahărul, sosul de soia și bulionul și aduceți la fiert. Adăugați cartofii, acoperiți și fierbeți timp de aproximativ 20 de minute până când rața este fragedă. Se amestecă făina de porumb într-o pastă cu apa, apoi se amestecă în tigaie și se fierbe, amestecând, până se îngroașă sosul.

rață dulce-acrișoară

pentru 4 persoane

1 rata

1,2 l / 2 puncte / 5 căni de bulion de pui

2 cepe

2 morcovi

2 catei de usturoi, taiati felii

15 ml / 1 lingură condimente pentru murături

10 ml / 2 lingurițe de sare

10 ml / 2 lingurițe ulei de arahide

6 cepe de primăvară (cepe), tocate

1 mango, decojit și tăiat cuburi

12 lychees, tăiate în jumătate

15 ml / 1 lingură făină de porumb (amidon de porumb)

15 ml/1 lingura otet de vin

10 ml / 2 lingurițe piure de roșii (pastă)

15 ml/1 lingura sos de soia

5 ml / 1 linguriță praf de cinci condimente

300 ml / ½ pt / 1 ¼ cani supa de pui

Pune rața într-un coș de aburi peste o tigaie care conține bulion, ceapă, morcov, usturoi, murături și sare. Acoperiți și gătiți la abur timp de 2 1/2 ore. Rata se raceste, se acopera si se lasa sa se raceasca 6 ore. Scoateți carnea de pe oase și tăiați-o în cuburi. Încinge uleiul și prăjește rața și arpagicul până devin crocante. Adăugați restul ingredientelor, aduceți la fiert și fierbeți timp de 2 minute, amestecând, până se îngroașă sosul.

rață mandarină

pentru 4 persoane

1 rata

60 ml / 4 linguri ulei de arahide

1 bucată de coajă de mandarină uscată

900 ml / 1½ puncte / 3¾ cani de bulion de pui

5 ml/1 lingurita de sare

Atârnă rața la uscat timp de 2 ore. Se încălzește jumătate din ulei și se prăjește rata până devine ușor aurie. Transferați într-un castron mare rezistent la căldură. Se încălzește uleiul rămas și se prăjește coaja de mandarine timp de 2 minute și apoi se pune în interiorul rației. Se toarnă bulionul peste rață și se condimentează cu sare. Așezați vasul pe un gratar într-un cuptor cu abur, acoperiți și gătiți la abur aproximativ 2 ore până când rața este fragedă.

Rață cu Legume

pentru 4 persoane

1 rata mare, tocata in 16 bucati

sare

300 ml / ½ pt / 1¼ cani de apă

300 ml / ½ pt / 1¼ cani de vin alb sec

120 ml / 4 fl oz / ½ cană oțet de vin
45 ml / 3 linguri sos de soia
30 ml / 2 linguri sos de prune
30 ml / 2 linguri sos hoisin
5 ml / 1 linguriță praf de cinci condimente
6 cepe de primăvară (cepe), tocate
2 morcovi tocati
5 cm / 2 ridichi alba tocata
50g / 2oz bok choy, tăiat cubulețe
piper proaspăt măcinat
5 ml/1 lingurita de zahar

Puneți bucățile de rață într-un bol, stropiți cu sare și adăugați apa și vinul. Adăugați oțetul de vin, sosul de soia, sosul de prune, sosul hoisin și pudra cu cinci condimente, aduceți la fierbere, acoperiți și fierbeți timp de aproximativ 1 oră. Adăugați legumele în tigaie, scoateți capacul și fierbeți încă 10 minute. Se condimenteaza cu sare, piper si zahar si se lasa sa se raceasca. Acoperiți și lăsați la frigider peste noapte. Tăiați grăsimea, apoi reîncălziți rața în sos timp de 20 de minute.

Rață sotă cu legume

pentru 4 persoane

4 ciuperci chinezești uscate
1 rata
10 ml / 2 lingurițe de făină de porumb (amidon de porumb)
15 ml/1 lingura sos de soia
45 ml / 3 linguri ulei de arahide (arahide)
100 g / 4 oz muguri de bambus, tăiați în fâșii
50g / 2oz castane de apă, tăiate fâșii
120 ml / 4 fl oz / ½ cană bulion de pui
15 ml / 1 lingura vin de orez sau sherry uscat
5 ml/1 lingurita de sare

Înmuiați ciupercile în apă călduță timp de 30 de minute, apoi scurgeți-le. Aruncați tulpinile și tăiați vârfurile. Scoateți carnea de pe oase și tăiați-o în bucăți. Se amestecă făina de porumb și sosul de soia, se adaugă la carnea de rață și se lasă să se odihnească 1 oră. Încinge uleiul și prăjește rața până devine ușor aurie pe toate părțile. Scoateți din tigaie. Adăugați ciupercile, lăstarii de bambus și castanele de apă în tigaie și gătiți timp de 3 minute. Adăugați bulion, vin sau sherry și sare, aduceți la fierbere și fierbeți timp de 3 minute. Întoarceți rața în tigaie, acoperiți și fierbeți încă 10 minute până când rața este fragedă.

Rață albă gătită

pentru 4 persoane

1 felie de rădăcină de ghimbir, tocată

250 ml / 8 fl oz / 1 cană vin de orez sau sherry uscat

sare si piper proaspat macinat

1 rata

3 ceai (cei), tocate

5 ml/1 lingurita de sare

100 g / 4 oz muguri de bambus, feliați

100g / 4oz șuncă afumată, feliată

Amestecați ghimbirul, 15 ml/1 lingură de vin sau sherry, puțină sare și piper. Frecați rața și lăsați să stea 1 oră. Puneți pasărea într-o tigaie cu bază grea cu marinada și adăugați ceapa și sare. Adăugați suficientă apă rece doar pentru a acoperi rața, aduceți la fierbere, acoperiți și fierbeți timp de aproximativ 2 ore până când rața este fragedă. Adăugați lăstarii de bambus și șunca și fierbeți încă 10 minute.

rață cu vin

pentru 4 persoane

1 rata
15 ml/1 lingură sos de fasole galbenă
1 ceapă feliată
1 sticla de vin alb sec

Ungeți rața în interior și în exterior cu sosul de fasole galbenă. Pune ceapa în interiorul cavității. Aduceți vinul la fiert într-o cratiță mare, adăugați rața, reveniți la fierbere, acoperiți și fierbeți timp de aproximativ 3 ore până când rața este fragedă. Scurgeți și tăiați felii pentru a servi.

Ouă la abur cu pește

pentru 4 persoane

8 oz / 225 g file de limbă, tăiate fâșii
30 ml / 2 linguri faina de porumb (amidon de porumb)
½ ardei gras verde mic, tocat marunt
1 ceapă primăvară (ceapă), tocată mărunt
30 ml / 2 linguri ulei de arahide
120 ml / 4 fl oz / ½ cană bulion de pui
3 oua, batute usor
vârf de cuțit de sare

Pudrați ușor fâșiile de pește în făină de porumb, apoi scuturați excesul. Puneți-le într-un vas refractar puțin adânc. Stropiți cu ardei, ceapa primăvară și ulei. Se încălzește bulionul de pui, se amestecă cu ouăle și se condimentează cu sare, apoi se toarnă amestecul peste pește. Așezați vasul pe un grătar într-un cuptor cu abur, acoperiți și fierbeți la abur timp de aproximativ 40 de minute peste apă clocotită până când peștele este fiert și ouăle sunt întărite.

Ouă la abur cu șuncă și pește

Pentru 4 până la 6 porții

6 oua, separate

225 g / 8 oz cod tocat (măcinat)

375 ml / 13 fl oz / 1½ cani de apă caldă

vârf de cuțit de sare

50g / 2oz sunca afumata, tocata

15 ml / 1 lingura ulei de arahide

crengute de pătrunjel cu frunze plate

Se amestecă albușul cu peștele, jumătate din apă și puțină sare și se toarnă amestecul într-un vas refractar puțin adânc. Se amestecă gălbenușurile cu apa rămasă, șunca și puțină sare și se toarnă deasupra amestecului de albușuri. Așezați vasul pe un gratar într-un cuptor cu abur, acoperiți și fierbeți la abur peste apă clocotită timp de aproximativ 20 de minute, până când ouăle se întăresc. Se încălzește uleiul până la abur, se toarnă peste ouă și se servește ornat cu pătrunjel.

Ouă la abur cu carne de porc

pentru 4 persoane

45 ml / 3 linguri ulei de arahide (arahide)

225 g / 8 oz carne de porc slabă, tocată (măcinată)

100g / 4oz castane de apă, tocate (măcinate)

1 ceapă de primăvară (ceapă), tocată

30 ml / 2 linguri sos de soia

5 ml/1 lingurita de sare

120 ml / 4 fl oz / ½ cană bulion de pui

4 oua, batute usor

Se încălzește uleiul și se prăjește carnea de porc, castanele de apă și arpagicul până se colorează ușor. Adăugați sosul de soia și sarea, apoi scurgeți excesul de ulei și turnați într-o tavă de copt puțin adâncă. Se încălzește bulionul, se amestecă cu ouăle și se toarnă peste amestecul de carne. Așezați vasul pe un grătar într-un cuptor cu abur, acoperiți și fierbeți la abur peste apă clocotită timp de aproximativ 30 de minute, până când ouăle se întăresc.

ouă de porc prăjite

pentru 4 persoane

100g / 4oz carne de porc tocată (măcinată)

2 ceai (cei) tocati

15 ml / 1 lingură făină de porumb (amidon de porumb)

15 ml / 1 lingura vin de orez sau sherry uscat

15 ml/1 lingura sos de soia

2,5 ml / ½ linguriță sare

4 ouă fierte tari (fierte).

ulei de prajit

½ cap de salata verde, tocata

Combinați carnea de porc, ceai verde, amidon de porumb, vin sau sherry, sos de soia și sare. Modelați în jurul ouălor pentru a le acoperi complet. Încinge uleiul și prăjește ouăle până când stratul devine maro auriu și fiert. Se scot si se scurge bine si apoi se serveste pe un pat de salata verde.

Oua prajite cu sos de soia

pentru 4 persoane

45 ml / 3 linguri ulei de arahide (arahide)

4 ouă

15 ml/1 lingura sos de soia

¼ salata verde tocata

Încinge uleiul până este foarte fierbinte și sparge ouăle în tigaie. Gatiti pana cand fundul se rumeneste usor, stropiti generos cu sos de soia si intoarceti fara a rupe galbenusul. Se prăjește încă 1 minut. Aranjați salata verde pe un platou de servire și puneți ouăle deasupra pentru a servi.

ouă semilunare

pentru 4 persoane

45 ml / 3 linguri ulei de arahide (arahide)
4 ouă
sare si piper proaspat macinat
15 ml/1 lingura sos de soia
15 ml / 1 lingură pătrunjel proaspăt cu frunze plate tocat

Încinge uleiul până este foarte fierbinte şi sparge ouăle în tigaie. Gatiti pana cand fundul se rumeneste usor, apoi presarati cu sare, piper si sos de soia. Îndoiţi oul în jumătate şi apăsaţi uşor pentru a-l ţine împreună. Mai fierbeţi încă 2 minute până când se rumenesc pe ambele părţi, apoi serviţi presărat cu pătrunjel.

Oua prajite cu legume

pentru 4 persoane

4 ciuperci chinezești uscate

30 ml / 2 linguri ulei de arahide

2,5 ml / ½ linguriță sare

3 ceai (cei), tocate

50g / 2oz muguri de bambus, feliați

50g / 2oz castane de apă, feliate

90 ml / 6 linguri supă de pui

10 ml / 2 lingurițe de făină de porumb (amidon de porumb)

15 ml/1 lingura de apa

5 ml/1 lingurita de zahar

ulei de prajit

4 ouă

¼ salata verde tocata

Înmuiați ciupercile în apă călduță timp de 30 de minute, apoi scurgeți-le. Aruncați tulpinile și tăiați vârfurile. Se încălzește uleiul și sarea și se prăjește ceapa primăvară timp de 30 de secunde. Adăugați lăstarii de bambus și castanele de apă și prăjiți timp de 2 minute. Adăugați bulion, aduceți la fierbere, acoperiți și fierbeți timp de 2 minute. Amestecați făina de porumb și apa până obțineți o pastă și amestecați-o în tigaia cu zahărul. Gatiti la foc mic, amestecand, pana se ingroasa sosul. Intre timp se incinge uleiul si se prajesc ouale cateva minute pana marginile incep sa se rumeneasca. Aranjați salata verde pe o farfurie de servire, deasupra cu ouă și turnați peste sosul iute.

omletă chinezească

pentru 4 persoane

4 ouă

sare si piper proaspat macinat

30 ml / 2 linguri ulei de arahide

Bate usor ouale si asezoneaza cu sare si piper. Se încălzește uleiul și apoi se toarnă ouăle în tigaie și se înclină tigaia astfel încât oul să acopere suprafața. Ridicați marginile tortillei pe măsură ce ouăle se întăresc, astfel încât oul crud să poată curge dedesubt. Gatiti pana este gata, apoi pliati in jumatate si serviti deodata.

Omletă chinezească cu muguri de fasole

pentru 4 persoane

100 g / 4 oz muguri de fasole

4 ouă

sare si piper proaspat macinat

30 ml / 2 linguri ulei de arahide

½ ardei gras verde mic, tocat

2 ceai (cei), tocate

Albește mugurii de fasole în apă clocotită timp de 2 minute și se scurge bine. Bate usor ouale si asezoneaza cu sare si piper. Încinge uleiul și prăjește ardeiul și arpagicul timp de 1 minut. Adăugați mugurii de fasole și amestecați până când sunt acoperiți cu ulei. Turnați ouăle în tigaie și înclinați tigaia astfel încât oul să acopere suprafața. Ridicați marginile tortillei pe măsură ce ouăle se întăresc, astfel încât oul crud să poată curge dedesubt. Gatiti pana este gata, apoi pliati in jumatate si serviti deodata.

Omletă de conopioare

pentru 4 persoane

1 conopida, taiata buchetele
225 g / 8 oz carne de pui, tocată (măcinată)
5 ml/1 lingurita de sare
3 albusuri, batute usor
2,5 ml / ½ linguriță sare de țelină
45 ml / 3 linguri supă de pui
45 ml / 3 linguri ulei de arahide (arahide)

Se albesc buchetele de conopida in apa clocotita timp de 10 minute, apoi se scurg bine. Se amestecă puiul, sarea, albușurile, sarea de țelină și bulionul. Bateți cu un mixer electric până când amestecul formează vârfuri moi. Se încălzește uleiul, se adaugă amestecul de pui și se prăjește aproximativ 2 minute. Adăugați conopida și prăjiți încă 2 minute înainte de servire.

Omletă de crab cu sos brun

pentru 4 persoane

15 ml / 1 lingura ulei de arahide

4 oua batute

2,5 ml / ½ linguriță sare

200g / 7oz carne de crab, fulgi

175 ml / 6 fl oz / ¾ cană supă de pui

15 ml/1 lingura sos de soia

10 ml / 2 lingurițe de făină de porumb (amidon de porumb)

45 ml / 3 linguri mazăre fiartă

Incalzeste uleiul. Bateți ouăle și sarea și adăugați carnea de crab. Se toarnă în tigaie și se gătește, ridicând marginile tortillei pe măsură ce ouăle se întăresc, astfel încât oul crud să poată curge dedesubt. Gatiti pana este gata, apoi pliati in jumatate si transferati pe un platou fierbinte de servire. Între timp, încălziți bulionul cu sosul de soia și amidonul de porumb, amestecând până când amestecul fierbe și se îngroașă. Se fierbe timp de 2 minute, apoi se adaugă mazărea. Se toarnă peste tortilla chiar înainte de servire.

Omletă cu șuncă și apă cu castane

2 portii

30 ml / 2 linguri ulei de arahide
1 ceapa tocata
1 cățel de usturoi zdrobit
50g / 2oz șuncă tocată
50g / 2oz castane de apă, tocate
15 ml/1 lingura sos de soia
50 g / 2 oz brânză cheddar
3 oua batute

Se încălzește jumătate din ulei și se prăjește ceapa, usturoiul, șunca, castanele de apă și sosul de soia până devin ușor aurii. Scoate-le din tigaie. Încălziți uleiul rămas, adăugați ouăle și trageți oul spre centru când începe să se întărească, astfel încât oul crud să poată curge dedesubt. Când oul este întărit, puneți amestecul de șuncă pe o jumătate de tortilla, acoperiți cu brânză și pliați peste cealaltă jumătate de tortilla. Acoperiți și gătiți timp de 2 minute, apoi răsturnați și gătiți încă 2 minute până când devin aurii.

Omletă cu homar

pentru 4 persoane

4 ouă

sare si piper proaspat macinat

30 ml / 2 linguri ulei de arahide

3 ceai (cei), tocate

100 g / 4 oz carne de homar, tocată

Bate usor ouale si asezoneaza cu sare si piper. Încinge uleiul şi prăjeşte ceapa primăvară timp de 1 minut. Adăugaţi homarul şi amestecaţi până se acoperă în ulei. Turnaţi ouăle în tigaie şi înclinaţi tigaia astfel încât oul să acopere suprafaţa. Ridicaţi marginile tortillei pe măsură ce ouăle se întăresc, astfel încât oul crud să poată curge dedesubt. Gatiti pana este gata, apoi pliati in jumatate si serviti deodata.

omletă cu stridii

pentru 4 persoane

4 ouă

120 ml / 4 fl oz / ½ cană lapte

12 stridii decojite

3 ceai (cei), tocate

sare si piper proaspat macinat

30 ml / 2 linguri ulei de arahide

50g / 2oz carne de porc slabă, mărunțită

50g / 2oz ciuperci, feliate

50g / 2oz muguri de bambus, feliați

Bateți ușor ouăle cu laptele, stridiile, arpagicul, sare și piper. Încinge uleiul și prăjește carnea de porc până devine ușor aurie. Adăugați ciupercile și lăstarii de bambus și prăjiți timp de 2 minute. Turnați amestecul de ouă în tigaie și gătiți, ridicând marginile tortillei pe măsură ce ouăle se întăresc, astfel încât oul crud să poată curge dedesubt. Gatiti pana este gata, apoi pliati in jumatate, intoarceti tortilla si gatiti pana se rumenesc usor pe cealalta parte. Serviți deodată.

Omletă cu creveți

pentru 4 persoane

4 ouă

15 ml / 1 lingura vin de orez sau sherry uscat

sare si piper proaspat macinat

30 ml / 2 linguri ulei de arahide

1 felie de rădăcină de ghimbir, tocată

225 g / 8 oz creveți decojiți

Batem usor ouale cu vinul sau sherry si asezonam cu sare si piper. Se încălzește uleiul și se prăjește ghimbirul până devine ușor auriu. Adaugati crevetii si amestecati pana sunt acoperiti cu ulei. Turnați ouăle în tigaie și înclinați tigaia astfel încât oul să acopere suprafața. Ridicați marginile tortillei pe măsură ce ouăle se întăresc, astfel încât oul crud să poată curge dedesubt. Gatiti pana este gata, apoi pliati in jumatate si serviti deodata.

Omletă cu scoici

pentru 4 persoane

4 ouă
5 ml/1 lingurita sos de soia
sare si piper proaspat macinat
30 ml / 2 linguri ulei de arahide
3 ceai (cei), tocate
225g / 8oz scoici, tăiate în jumătate

Batem usor ouale cu sosul de soia si asezonam cu sare si piper. Se incinge uleiul si se caleste ceapa primavara pana devine usor aurie. Adăugați scoici și prăjiți timp de 3 minute. Turnați ouăle în tigaie și înclinați tigaia astfel încât oul să acopere suprafața. Ridicați marginile tortillei pe măsură ce ouăle se întăresc, astfel încât oul crud să poată curge dedesubt. Gatiti pana este gata, apoi pliati in jumatate si serviti deodata.

Omletă cu tofu

pentru 4 persoane

4 ouă

sare si piper proaspat macinat

30 ml / 2 linguri ulei de arahide

225g / 8oz tofu, zdrobit

Bate usor ouale si asezoneaza cu sare si piper. Se încălzește uleiul, apoi se adaugă tofu și se călește până când este fierbinte. Turnați ouăle în tigaie și înclinați tigaia astfel încât oul să acopere suprafața. Ridicați marginile tortillei pe măsură ce ouăle se întăresc, astfel încât oul crud să poată curge dedesubt. Gatiti pana este gata, apoi pliati in jumatate si serviti deodata.

Tortila de porc umpluta

pentru 4 persoane

50 g / 2 oz muguri de fasole

60 ml / 4 linguri ulei de arahide

225g / 8oz carne de porc slabă, tăiată cubulețe

3 ceai (cei), tocate

1 tulpină de țelină tocată

15 ml/1 lingura sos de soia

5 ml/1 lingurita de zahar

4 oua, batute usor

sare

Se albesc mugurii de fasole în apă clocotită timp de 3 minute, apoi se scurg bine. Se încălzește jumătate din ulei și se prăjește carnea de porc până devine ușor aurie. Adăugați arpagicul și țelina și prăjiți timp de 1 minut. Adăugați sosul de soia și zahărul și prăjiți timp de 2 minute. Scoateți din tigaie. Se condimentează ouăle bătute cu sare. Se încălzește uleiul rămas și se toarnă ouăle în tigaie, înclinând tigaia astfel încât oul să acopere suprafața. Ridicați marginile tortillei pe măsură ce ouăle se întăresc, astfel încât oul crud să poată curge dedesubt. Puneți umplutura într-o jumătate de tortilla și împăturiți-o în jumătate. Gatiti pana este gata si apoi serviti dintr-odata.

Omletă Umplută Cu Creveți

pentru 4 persoane

30 ml / 2 linguri ulei de arahide
2 tulpini de telina tocate
2 ceai (cei), tocate
225g / 8oz creveți decojiți, tăiați în jumătate
4 oua, batute usor
sare

Se încălzește jumătate din ulei și se prăjește țelina și ceapa până devin ușor aurii. Se adauga crevetii si se prajesc pana sunt foarte fierbinti. Scoateți din tigaie. Se condimentează ouăle bătute cu sare. Se încălzește uleiul rămas și se toarnă ouăle în tigaie, înclinând tigaia astfel încât oul să acopere suprafața. Ridicați marginile tortillei pe măsură ce ouăle se întăresc, astfel încât oul crud să poată curge dedesubt. Puneți umplutura într-o jumătate de tortilla și împăturiți-o în jumătate. Gatiti pana este gata si apoi serviti dintr-odata.

Rulouri de tortilla la abur cu umplutură de pui

pentru 4 persoane

4 oua, batute usor

sare

15 ml / 1 lingura ulei de arahide

100g / 4oz pui fiert, tocat

2 felii de rădăcină de ghimbir, tocate

1 ceapa tocata

120 ml / 4 fl oz / ½ cană bulion de pui

15 ml / 1 lingura vin de orez sau sherry uscat

Bateți ouăle și asezonați cu sare. Se încălzește puțin ulei și se toarnă un sfert din ouă, înclinând pentru a întinde amestecul peste tigaie. Se prăjește până se rumenește ușor pe o parte și se lasă să se odihnească, apoi se răstoarnă pe o farfurie. Gatiti restul de 4 tortilla. Se amestecă puiul, ghimbirul și ceapa. Distribuiți amestecul uniform între tortilla, rulați-le, fixați-le cu bețișoare de cocktail și puneți rulourile într-o tavă de copt puțin adâncă. Puneți pe un gratar într-un cuptor cu abur, acoperiți și fierbeți la abur timp de 15 minute. Transferați pe o farfurie fierbinte de servire și tăiați în felii groase. Între timp, încălzește bulionul și sherry și asezonează cu sare. Se toarnă peste tortilla și se servește.

clătite cu stridii

Pentru 4 până la 6 porții

12 stridii

4 oua, batute usor

3 cepe de primăvară (cepe), tăiate felii

sare si piper proaspat macinat

6 ml / 4 linguri făină simplă (toate scopuri)

2,5 ml / ½ linguriță praf de copt

45 ml / 3 linguri ulei de arahide (arahide)

Scoateți stridiile, rezervând 60 ml / 4 linguri de lichior și tocați grosier. Se amestecă ouăle cu stridiile, arpagicul, sare și piper. Amestecăm făina și praful de copt, amestecăm până obții o pastă cu lichiorul de stridii, apoi amestecăm amestecul cu ouăle. Se încălzește puțin ulei și se prăjește linguri de aluat pentru a face clătite mici. Gatiti pana se rumenesc usor pe fiecare parte, apoi adaugati putin ulei in tigaie si continuati pana cand tot amestecul a fost folosit.

clătite cu creveți

pentru 4 persoane

50g / 4oz creveți decojiți, tăiați

4 oua, batute usor

75 g / 3 oz / ½ cană grămadă făină simplă (toate scopuri)

sare si piper proaspat macinat

120 ml / 4 fl oz / ½ cană bulion de pui

2 ceai (cei), tocate

30 ml / 2 linguri ulei de arahide

Se amestecă toate ingredientele, cu excepția uleiului. Se încălzește puțin ulei, se toarnă un sfert din aluat, înclinând tigaia pentru a o întinde pe bază. Gatiti pana se rumeneste usor pe partea de jos, apoi intoarceti si rumeniti cealalta parte. Scoateți din tigaie și continuați să gătiți clătitele rămase.

Ouă omlete chinezești

pentru 4 persoane

4 oua batute
2 ceai (cei), tocate
vârf de cuțit de sare
5 ml / 1 lingurita sos de soia (optional)
30 ml / 2 linguri ulei de arahide

Bateți ouăle cu arpagicul, sarea și sosul de soia, dacă folosiți. Se încălzește uleiul și apoi se toarnă amestecul de ouă. Se amestecă ușor cu o furculiță până se întăresc ouăle. Serviți deodată.

Ouă omletă cu pește

pentru 4 persoane

225 g / 8 oz file de pește

30 ml / 2 linguri ulei de arahide

1 felie de rădăcină de ghimbir, tocată

2 ceai (cei), tocate

4 oua, batute usor

sare si piper proaspat macinat

Puneți peștele într-un recipient rezistent la cuptor și puneți-l pe un grătar într-un cuptor cu abur. Acoperiți și gătiți la abur aproximativ 20 de minute, apoi îndepărtați pielea și sfărâmați pulpa. Se încălzește uleiul și se prăjește ghimbirul și ceapa primăvară până se rumenesc ușor. Adăugați peștele și amestecați până se acoperă cu ulei. Se condimentează ouăle cu sare și piper, apoi se toarnă în tigaie și se amestecă ușor cu o furculiță până se întăresc ouăle. Serviți deodată.

Ouă omletă cu ciuperci

pentru 4 persoane

30 ml / 2 linguri ulei de arahide

4 oua batute

3 ceai (cei), tocate

vârf de cuțit de sare

5 ml/1 lingurita sos de soia

100g / 4oz ciuperci, tocate grosier

Se încălzește jumătate din ulei și se prăjesc ciupercile câteva minute până când sunt fierbinți, apoi se scot din tigaie. Bateți ouăle cu ceapa primăvară, sarea și sosul de soia. Se încălzește uleiul rămas și apoi se toarnă amestecul de ouă. Se amestecă ușor cu o furculiță până când ouăle încep să se întărească, apoi se pun ciupercile înapoi în tigaie și se fierb până se întăresc ouăle. Serviți deodată.

Ouă omletă cu sos de stridii

pentru 4 persoane

4 oua batute
3 ceai (cei), tocate
sare si piper proaspat macinat
5 ml/1 lingurita sos de soia
30 ml / 2 linguri ulei de arahide
15 ml/1 lingura sos de stridii
100g / 4oz șuncă fiartă, mărunțită
2 crengute de patrunjel plat

Bateți ouăle cu arpagicul, sare, piper și sosul de soia. Adăugați jumătate din ulei. Se încălzește uleiul rămas și apoi se toarnă amestecul de ouă. Se amestecă ușor cu o furculiță până când ouăle încep să se întărească, apoi se adaugă sosul de stridii și se fierbe până se întăresc ouăle. Se servesc ornat cu sunca si patrunjel.

Ouă omletă cu carne de porc

pentru 4 persoane

225g / 8oz carne de porc slabă, feliată

30 ml / 2 linguri sos de soia

30 ml / 2 linguri ulei de arahide

2 ceai (cei), tocate

4 oua batute

vârf de cuțit de sare

5 ml/1 lingurita sos de soia

Amestecați carnea de porc și sosul de soia, astfel încât carnea de porc să fie bine acoperită. Încinge uleiul și prăjește carnea de porc până devine ușor aurie. Adăugați arpagicul și prăjiți timp de 1 minut. Bateți ouăle cu ceapa primăvară, sarea și sosul de soia, apoi turnați amestecul de ouă în tigaie. Se amestecă ușor cu o furculiță până se întăresc ouăle. Serviți deodată.

Ouă omletă cu carne de porc și creveți

pentru 4 persoane

100g / 4oz carne de porc tocată (măcinată)
225 g / 8 oz creveți decojiți
2 ceai (cei), tocate
1 felie de rădăcină de ghimbir, tocată
5 ml / 1 lingurita faina de porumb (amidon de porumb)
15 ml / 1 lingura vin de orez sau sherry uscat
15 ml/1 lingura sos de soia
sare si piper proaspat macinat
45 ml / 3 linguri ulei de arahide (arahide)
4 oua, batute usor

Amestecați carnea de porc, creveții, ceapa primăvară, ghimbirul, amidonul de porumb, vinul sau sherry, sosul de soia, sare și piper. Încinge uleiul și prăjește amestecul de carne de porc până se rumenește ușor. Se toarnă ouăle și se amestecă ușor cu o furculiță până când ouăle se întăresc. Serviți deodată.

Ouă omletă cu spanac

pentru 4 persoane

45 ml / 3 linguri ulei de arahide (arahide)
225 g / 8 oz spanac
4 oua batute
2 ceai (cei), tocate
vârf de cuțit de sare

Se încălzește jumătate din ulei și se prăjește spanacul câteva minute până devine verde aprins, dar nu se ofilește. Scoateți-l din tigaie și tocați-l mărunt. Bateți ouăle cu arpagicul, sarea și sosul de soia, dacă folosiți. Adăugați spanacul. Se încălzește uleiul și apoi se toarnă amestecul de ouă. Se amestecă ușor cu o furculiță până se întăresc ouăle. Serviți deodată.

Ouă omletă cu Arpagic

pentru 4 persoane

4 oua batute
8 cepe de primăvară (cepe), tocate
sare si piper proaspat macinat
5 ml/1 lingurita sos de soia
30 ml / 2 linguri ulei de arahide

Bateți ouăle cu arpagicul, sare, piper și sosul de soia. Se încălzește uleiul și apoi se toarnă amestecul de ouă. Se amestecă ușor cu o furculiță până se întăresc ouăle. Serviți deodată.

Ouă omletă cu roşii

pentru 4 persoane

4 oua batute
2 ceai (cei), tocate
vârf de cuţit de sare
30 ml / 2 linguri ulei de arahide
3 rosii, decojite si tocate

Bateţi ouăle cu ceapa primăvară şi sarea. Se încălzeşte uleiul şi apoi se toarnă amestecul de ouă. Amestecaţi uşor până când ouăle încep să se întărească, apoi amestecaţi roşiile şi continuaţi să gătiţi, amestecând, până se întăresc. Serviţi deodată.

Ouă omletă cu legume

pentru 4 persoane

30 ml / 2 linguri ulei de arahide
5 ml/1 lingurita ulei de susan
1 ardei gras verde taiat cubulete
1 catel de usturoi tocat
4 oz / 100 g mazăre de zăpadă, tăiată în jumătate
4 oua batute
2 ceai (cei), tocate
vârf de cuțit de sare
5 ml/1 lingurita sos de soia

Se încălzește jumătate din uleiul de arahide cu uleiul de susan și se prăjește ardeiul și usturoiul până devin ușor aurii. Adăugați mazărea de zăpadă și prăjiți timp de 1 minut. Bateți ouăle cu ceapa primăvară, sarea și sosul de soia, apoi turnați amestecul în tigaie. Se amestecă ușor cu o furculiță până se întăresc ouăle. Serviți deodată.

sufleu de pui

pentru 4 persoane

100 g / 4 oz piept de pui tocat

(podea)

45 ml / 3 linguri supă de pui

2,5 ml / ½ linguriță sare

4 albusuri

75 ml / 5 linguri ulei de arahide (arahide)

Se amestecă bine puiul, bulionul și sarea. Bate albusurile spuma pana se intareste si adauga-le in amestec. Se încălzește uleiul până se afumă, se adaugă amestecul și se amestecă bine, apoi se reduce focul și se continuă gătitul, amestecând ușor, până când amestecul devine ferm.

sufle de crab

pentru 4 persoane

4 oz / 100 g carne de crab, fulgi

sare

15 ml / 1 lingură făină de porumb (amidon de porumb)

120 ml / 4 fl oz / ½ cană lapte

4 albusuri

75 ml / 5 linguri ulei de arahide (arahide)

Se amestecă carnea de crab, sarea, amidonul de porumb și se amestecă bine. Bateți albușurile spumă până se întăresc, apoi amestecați-le în amestec. Se încălzește uleiul până se afumă, se adaugă amestecul și se amestecă bine, apoi se reduce focul și se continuă gătitul, amestecând ușor, până când amestecul devine ferm.

Sufleu de crab și ghimbir

pentru 4 persoane

75 ml / 5 linguri ulei de arahide (arahide)
2 felii de rădăcină de ghimbir, tocate
1 ceapă de primăvară (ceapă), tocată
4 oz / 100 g carne de crab, fulgi
sare
15 ml / 1 lingura vin de orez sau sherry uscat
120 ml / 4 ft oz / k cană de lapte
60 ml / 4 linguri supă de pui
15 ml / 2 linguri faina de porumb (amidon de porumb)
4 albusuri
5 ml/1 lingurita ulei de susan

Se încălzește jumătate din ulei și se prăjește ghimbirul și ceapa până se înmoaie. Se adauga carnea de crab si sarea, se ia de pe foc si se lasa sa se raceasca putin. Amestecați vinul sau sherry, laptele, bulionul și făina de porumb, apoi amestecați acest lucru în amestecul de carne de crab. Bateți albușurile spumă până se întăresc, apoi amestecați-le în amestec. Se încălzește uleiul rămas până se afumă, se adaugă amestecul și se amestecă bine, apoi se reduce focul și se continuă gătitul, amestecând ușor, până când amestecul devine ferm.

sufle de pește

pentru 4 persoane

3 ouă, separate

5 ml/1 lingurita sos de soia

5 ml/1 lingurita de zahar

sare si piper proaspat macinat

450 g / 1 kilogram de file de pește

45 ml / 3 linguri ulei de arahide (arahide)

Se amestecă gălbenușurile cu sosul de soia, zahărul, sare și piper. Tăiați peștele în bucăți mari. Înmuiați peștele în amestec până când este bine acoperit. Se incinge uleiul si se prajeste pestele pana se rumeneste usor pe fund. Între timp, albușurile se bat spumă până se întăresc. Întoarceți peștele și puneți deasupra peștelui albușul. Gatiti 2 minute pana cand fundul se rumeneste usor, apoi intoarceti din nou si gatiti inca 1 minut pana cand albusul este ferm si auriu. Se serveste cu sos de rosii.

sufleu de creveți

pentru 4 persoane

225g / 8oz creveți decojiți, tăiați
1 felie de rădăcină de ghimbir, tocată
15 ml / 1 lingura vin de orez sau sherry uscat
15 ml/1 lingura sos de soia
sare si piper proaspat macinat
4 albusuri
45 ml / 3 linguri ulei de arahide (arahide)

Amestecați creveții, ghimbirul, vinul sau sherry, sosul de soia, sare și piper. Bateți albușurile spumă până se întăresc, apoi amestecați-le în amestec. Se încălzește uleiul până se afumă, se adaugă amestecul și se amestecă bine, apoi se reduce focul și se continuă gătitul, amestecând ușor, până când amestecul devine ferm.

Sufleu de creveți cu muguri de fasole

pentru 4 persoane

100 g / 4 oz muguri de fasole
100g / 4oz creveți decojiți, tăiați grosier
2 ceai (cei), tocate
5 ml / 1 lingurita faina de porumb (amidon de porumb)
15 ml / 1 lingura vin de orez sau sherry uscat
120 ml / 4 fl oz / ½ cană bulion de pui
sare
4 albusuri
45 ml / 3 linguri ulei de arahide (arahide)

Se albesc mugurii de fasole in apa clocotita timp de 2 minute, apoi se scurg si se pastreaza la cald. Între timp, amestecați creveții, ceapa, amidonul de porumb, vinul sau sherry și bulionul și asezonați cu sare. Bateți albușurile spumă până se întăresc, apoi amestecați-le în amestec. Se încălzește uleiul până se afumă, se adaugă amestecul și se amestecă bine, apoi se reduce focul și se continuă gătitul, amestecând ușor, până când amestecul devine ferm. Așezați pe o farfurie fierbinte de servire și acoperiți cu muguri de fasole.

sufleu de legume

pentru 4 persoane

5 ouă, separate

3 cartofi rasi

1 ceapa mica tocata marunt

15 ml/1 lingura patrunjel proaspat tocat

5 ml/1 lingurita sos de soia

sare si piper proaspat macinat

Bate albusurile spuma pana se taie. Bateți gălbenușurile până când sunt palide și groase, apoi adăugați cartofii, ceapa, pătrunjelul și sosul de soia și amestecați bine.

Incorporeaza albusurile. Se toarnă într-un vas de sufleu uns și se coace în cuptorul preîncălzit la 180°C/350°F/marcă gaz 4 pentru aproximativ 40 de minute.

Ou Foo Yung

pentru 4 persoane

4 oua, batute usor

sare

100g / 4oz pui fiert, tocat

1 ceapa tocata

2 tulpini de telina tocate

50g / 2oz ciuperci, tocate

30 ml / 2 linguri ulei de arahide

sos de ou foo yung

Se amestecă ouăle, sarea, puiul, ceapa, țelina și ciupercile. Se încălzește puțin ulei și se toarnă un sfert din amestec în tigaie. Se prăjește până când fundul se rumenește ușor, apoi se răstoarnă și se rumenește cealaltă parte. Serviți cu sos de ou foo yung.

Ou prăjit Foo Yung

pentru 4 persoane

4 oua, batute usor

5 ml/1 lingurita de sare

100g / 4oz sunca afumata, tocata

100 g ciuperci tocate

15 ml/1 lingura sos de soia

ulei de prajit

Se amestecă ouăle cu sarea, șunca, ciupercile și sosul de soia. Încinge uleiul și aruncă cu grijă linguri de amestec în ulei. Gatiti pana se ridica la suprafata, intoarceti-le pana se rumenesc pe ambele parti. Scoateți din ulei și scurgeți în timp ce gătiți clătitele rămase.

Foo Yung Crab cu ciuperci

pentru 4 persoane

6 oua batute

45 ml / 3 linguri faina de porumb (amidon de porumb)

100 g / 4 oz carne de crab

100g / 4oz ciuperci, tăiate cubuleţe

100 g / 4 oz mazăre congelată

2 ceai (cei), tocate

5 ml/1 lingurita de sare

45 ml / 3 linguri ulei de arahide (arahide)

Bateţi ouăle şi apoi adăugaţi mălaiul. Adăugaţi toate ingredientele rămase, cu excepţia uleiului. Se incinge putin ulei si se toarna amestecul in tigaie cate putin pentru a face clatite mici de aproximativ 7,5 cm latime. Se prăjeşte până când fundul se rumeneşte uşor, apoi se răstoarnă şi se rumeneşte cealaltă parte. Continuaţi până când aţi folosit tot amestecul.

Ou de șuncă Foo Yung

pentru 4 persoane

60 ml / 4 linguri ulei de arahide

50g / 2oz muguri de bambus, tăiați cubulețe

50g / 2oz castane de apă, tăiate cubulețe

2 ceai (cei), tocate

2 tulpini de telina, taiate cubulete

50g / 2oz șuncă afumată, tăiată cubulețe

15 ml/1 lingura sos de soia

2,5 ml / ½ linguriță zahăr

2,5 ml / ½ linguriță sare

4 oua, batute usor

Se încălzește jumătate din ulei și se prăjesc lăstarii de bambus, castanele de apă, ceapa primăvară și țelina timp de aproximativ 2 minute. Adăugați șunca, sosul de soia, zahărul și sarea, scoateți din tigaie și lăsați să se răcească puțin. Adăugați amestecul în ouăle bătute. Se incinge putin din uleiul ramas si se toarna amestecul in tigaie cate putin pentru a face clatite mici de aproximativ 7,5 cm latime. Se prăjește până când fundul se rumenește ușor, apoi se răstoarnă și se rumenește cealaltă parte. Continuați până când ați folosit tot amestecul.

Ou Frip De Porc Foo Yung

pentru 4 persoane

4 ciuperci chinezeşti uscate
60 ml / 3 linguri ulei de arahide
100g / 4oz friptură de porc, mărunţită
100 g / 4 oz bok choy, mărunţit
50g / 2oz muguri de bambus, feliaţi
50g / 2oz castane de apă, feliate
4 oua, batute usor
sare si piper proaspat macinat

Înmuiaţi ciupercile în apă călduţă timp de 30 de minute, apoi scurgeţi-le. Aruncaţi tulpinile şi tăiaţi vârfurile. Se încălzesc 30 ml / 2 linguri de ulei şi se prăjesc ciupercile, carnea de porc, varza, lăstarii de bambus şi castanele de apă timp de 3 minute. Se scot din tigaie si se lasa sa se raceasca putin, apoi se amesteca cu ouale si se condimenteaza cu sare si piper. Se incinge putin din uleiul ramas si se toarna amestecul in tigaie cate putin pentru a face clatite mici de aproximativ 7,5 cm latime. Se prăjeşte până când fundul se rumeneşte uşor, apoi se răstoarnă şi se rumeneşte cealaltă parte. Continuaţi până când aţi folosit tot amestecul.

Ou de porc și creveți Foo Yung

pentru 4 persoane

45 ml / 3 linguri ulei de arahide (arahide)
100g / 4oz carne de porc slabă, feliată
1 ceapa tocata
8 oz / 225 g creveți, decojiți, tăiați felii
50g / 2oz bok choy, mărunțit
4 oua, batute usor
sare si piper proaspat macinat

Se încălzesc 30 ml/2 linguri de ulei și se prăjesc carnea de porc și ceapa până devin ușor aurii. Se adauga crevetii si se prajesc pana se imbraca in ulei, apoi se adauga varza, se amesteca bine, se acopera si se fierbe 3 minute. Se scot din tava si se lasa sa se raceasca putin. Adăugați amestecul de carne în ouă și asezonați cu sare și piper. Se incinge putin din uleiul ramas si se toarna amestecul in tigaie cate putin pentru a face clatite mici de aproximativ 7,5 cm latime. Se prăjește până când fundul se rumenește ușor, apoi se răstoarnă și se rumenește cealaltă parte. Continuați pană când ați folosit tot amestecul.

orez alb

pentru 4 persoane

225 g / 8 oz / 1 cană de orez cu bob lung

15 ml/1 lingura ulei

750 ml / 1¼ ochi / 3 căni de apă

Spălați orezul și apoi puneți-l într-o cratiță. Adăugați apa în ulei și apoi adăugați-o în tigaie, astfel încât să fie la aproximativ 2,5 cm deasupra orezului. Se aduce la fierbere, se acoperă cu un capac etanș, se reduce focul și se fierbe timp de 20 de minute.

Orez brun fiert

pentru 4 persoane

225 g / 8 oz / 1 cană de orez brun cu bob lung

5 ml/1 lingurita de sare

900 ml / 1½ puncte / 3¾ cani de apă

Spălați orezul și apoi puneți-l într-o cratiță. Adăugați sarea și apa astfel încât să fie la aproximativ 3 cm deasupra orezului. Se aduce la fierbere, se acoperă cu un capac strâns, se reduce focul și se fierbe timp de 30 de minute, asigurându-vă că nu se usucă.

orez cu carne de vita

pentru 4 persoane

225 g / 8 oz / 1 cană de orez cu bob lung
100g / 4oz carne de vită tocată (măcinată)
1 felie de rădăcină de ghimbir, tocată
15 ml/1 lingura sos de soia
15 ml / 1 lingura vin de orez sau sherry uscat
5 ml/1 lingurita ulei de arahide
2,5 ml / ½ linguriță zahăr
2,5 ml / ½ linguriță sare

Puneti orezul intr-o cratita mare si aduceti la fiert. Acoperiți și fierbeți timp de aproximativ 10 minute până când cea mai mare parte a lichidului a fost absorbită. Se amestecă restul ingredientelor, se așează deasupra orezului, se acoperă și se mai fierbe încă 20 de minute la foc mic până se fierbe. Amestecați ingredientele înainte de servire.

Orez cu ficat de pui

pentru 4 persoane

225 g / 8 oz / 1 cană de orez cu bob lung
375 ml / 13 fl oz / 1½ cani supa de pui
sare
2 ficatei de pui fierti, feliati subtiri

Puneți orezul și bulionul într-o cratiță mare și aduceți la fierbere. Acoperiți și fierbeți aproximativ 10 minute până când orezul este aproape fraged. Scoateți capacul și continuați să fierbeți până când cea mai mare parte a bulionului a fost absorbită. Asezonați după gust cu sare, adăugați ficații de pui și încălziți ușor înainte de servire.

Orez cu pui și ciuperci

pentru 4 persoane

225 g / 8 oz / 1 cană de orez cu bob lung
100 g / 4 oz carne de pui, mărunțită
100g / 4oz ciuperci, tăiate cubulețe
5 ml / 1 lingurita faina de porumb (amidon de porumb)
5 ml/1 lingurita sos de soia
5 ml / 1 linguriță vin de orez sau sherry uscat
vârf de cuțit de sare
15 ml / 1 lingură ceapă primăvară tocată
15 ml/1 lingura sos de stridii

Puneti orezul intr-o cratita mare si aduceti la fiert. Acoperiți și fierbeți timp de aproximativ 10 minute până când cea mai mare parte a lichidului a fost absorbită. Amestecați toate ingredientele rămase, cu excepția ceaiului verde și a sosului de stridii, puneți deasupra orezului, acoperiți și gătiți încă 20 de minute la foc mic până când sunt fierte. Amestecați ingredientele împreună și stropiți cu ceapă primăvară și sos de stridii înainte de servire.

Orez cu nucă de cocos

pentru 4 persoane

225 g / 8 oz / 1 cană orez cu aromă thailandeză
1 l / 1¾ puncte / 4¼ cani lapte de cocos
150 ml / ¼ pt / ½ cană generoasă de cremă de cocos
1 crenguță de coriandru tocat
vârf de cuțit de sare

Aduceți toate ingredientele la fiert într-o cratiță, acoperiți și lăsați orezul să se umfle la foc mic timp de aproximativ 25 de minute, amestecând din când în când.

Orez cu carne de crab

pentru 4 persoane

225 g / 8 oz / 1 cană de orez cu bob lung
4 oz / 100 g carne de crab, fulgi
2 felii de rădăcină de ghimbir, tocate
15 ml/1 lingura sos de soia
15 ml / 1 lingura vin de orez sau sherry uscat
5 ml/1 lingurita ulei de arahide
5 ml / 1 lingurita faina de porumb (amidon de porumb)
sare si piper proaspat macinat

Puneti orezul intr-o cratita mare si aduceti la fiert. Acoperiți și fierbeți timp de aproximativ 10 minute până când cea mai mare parte a lichidului a fost absorbită. Se amestecă restul ingredientelor, se așează deasupra orezului, se acoperă și se mai fierbe încă 20 de minute la foc mic până se fierbe. Amestecați ingredientele înainte de servire.

Orez cu mazare

pentru 4 persoane

225 g / 8 oz / 1 cană de orez cu bob lung
350 g / 12 oz mazăre
30 ml / 2 linguri sos de soia

Puneți orezul și bulionul într-o cratiță mare și aduceți la fierbere. Adăugați mazărea, acoperiți și fierbeți timp de aproximativ 20 de minute până când orezul este aproape fraged. Scoateți capacul și continuați să fierbeți până când cea mai mare parte a lichidului a fost absorbită. Se acoperă și se lasă de pe foc 5 minute, apoi se servește stropită cu sos de soia.

Orez cu piper

pentru 4 persoane

225 g / 8 oz / 1 cană de orez cu bob lung

2 ceai (cei), tocate

1 ardei gras rosu taiat cubulete

45 ml / 3 linguri sos de soia

30 ml / 2 linguri ulei de arahide

5 ml/1 lingurita de zahar

Pune orezul într-o cratiță, se acoperă cu apă rece, se aduce la fierbere, se acoperă și se fierbe timp de aproximativ 20 de minute până se înmoaie. Scurgeți bine, apoi adăugați ceapa, ardeiul, sosul de soia, uleiul și zahărul. Transferați într-un bol de servire fierbinte și serviți imediat.

Orez cu ou poșat

pentru 4 persoane

225 g / 8 oz / 1 cană de orez cu bob lung

4 ouă

15 ml/1 lingura sos de stridii

Se pune orezul într-o tigaie, se acoperă cu apă rece, se aduce la fierbere, se acoperă și se fierbe timp de aproximativ 10 minute până se înmoaie. Scurgeți și puneți pe o farfurie fierbinte de servire. Între timp, aduceți o oală cu apă la fiert, spargeți cu grijă ouăle și gătiți câteva minute până când albușurile sunt întărite, dar ouăle sunt încă umede. Scoateți din tigaie cu o lingură cu fantă și puneți deasupra orezului. Se serveste stropita cu sos de stridii.

Orez în stil Singapore

pentru 4 persoane

225 g / 8 oz / 1 cană de orez cu bob lung

5 ml/1 lingurita de sare

1,2 l / 2 puncte / 5 căni de apă

Spălați orezul și apoi puneți-l într-o cratiță cu sare și apă. Se aduce la fierbere, apoi se reduce focul și se fierbe timp de aproximativ 15 minute până când orezul este fraged. Se scurge intr-o strecuratoare si se clateste cu apa fierbinte inainte de servire.

Orez cu barca lenta

pentru 4 persoane

225 g / 8 oz / 1 cană de orez cu bob lung

5 ml/1 lingurita de sare

15 ml/1 lingura ulei

750 ml / 1¼ ochi / 3 căni de apă

Spălați orezul și puneți-l într-un vas refractar cu sare, ulei și apă. Acoperiți și coaceți în cuptorul preîncălzit la 120°C/250°F/½ marca de gaz timp de aproximativ 1 oră până când toată apa a fost absorbită.

Orez copt la abur

pentru 4 persoane

225 g / 8 oz / 1 cană de orez cu bob lung

5 ml/1 lingurita de sare

450 ml / ¾ pt / 2 căni de apă

Puneti orezul, sarea si apa intr-o tava, acoperiti si coaceti in cuptorul preincalzit la 180°C / 350°F / marca de gaz 4 pentru aproximativ 30 de minute.

Orez prăjit

pentru 4 persoane

225 g / 8 oz / 1 cană de orez cu bob lung
750 ml / 1¼ ochi / 3 căni de apă
30 ml / 2 linguri ulei de arahide

1 ou bătut

2 catei de usturoi macinati

vârf de cuțit de sare

1 ceapa tocata marunt

3 ceai (cei), tocate

2,5 ml / ½ linguriță melasă neagră

Puneti orezul si apa intr-o cratita, aduceti la fiert, acoperiti si fierbeti aproximativ 20 de minute pana ce orezul este fiert. Scurgeți bine. Se încălzesc 5 ml/1 linguriță ulei și se toarnă oul. Gatiti pana se fixeaza pe baza, apoi intoarceti si continuati gatirea pana se fixeaza. Scoateți din tavă și tăiați fâșii. Adăugați uleiul rămas în tigaia cu usturoiul și sare și prăjiți până când usturoiul devine auriu. Adăugați ceapa și orezul și prăjiți timp de 2 minute. Adăugați arpagicul și prăjiți timp de 2 minute. Amestecați melasa până când orezul este acoperit, apoi adăugați fâșiile de ouă și serviți.

Orez prajit cu migdale

pentru 4 persoane

250 ml / 8 fl oz / 1 cană ulei de arahide (arahide)

50 g / 2 oz / ½ cană fulgi de migdale

4 oua batute

450 g / 1 lb / 3 căni de orez cu bob lung gătit

5 ml/1 lingurita de sare

3 felii de sunca fiarta, taiate fasii

2 salote, tocate marunt

15 ml/1 lingura sos de soia

Se incinge uleiul si se prajesc migdalele pana devin aurii. Scoatem din tava si scurgem pe hartie de bucatarie. Se toarnă cea mai mare parte din ulei din tigaie, apoi se întoarce la foc și se toarnă ouăle, amestecând continuu. Adăugați orezul și sarea și gătiți timp de 5 minute, ridicând și amestecând rapid, astfel încât boabele de orez să fie acoperite cu ou. Adaugati sunca, salota si sosul de soia si gatiti inca 2 minute. Se amestecă majoritatea migdalelor și se servesc ornat cu migdalele rămase.

Orez prajit cu bacon si ou

pentru 4 persoane

45 ml / 3 linguri ulei de arahide (arahide)

225g / 8oz bacon, tocat

1 ceapa tocata marunt

3 oua batute

225g / 8oz orez cu bob lung gătit

Se încălzeşte uleiul şi se prăjeşte slănina şi ceapa până devin uşor aurii. Se adauga ouale si se prajesc pana aproape fierte. Se adaugă orezul şi se căleşte până când orezul este încălzit.

Orez prajit cu carne

pentru 4 persoane

8 oz / 225 g carne de vită slabă, tăiată fâşii
15 ml / 1 lingură făină de porumb (amidon de porumb)
15 ml/1 lingura sos de soia
15 ml / 1 lingura vin de orez sau sherry uscat
5 ml/1 lingurita de zahar
75 ml / 5 linguri ulei de arahide (arahide)

1 ceapa tocata
450 g / 1 lb / 3 căni de orez cu bob lung gătit
45 ml / 3 linguri supă de pui

Amestecați carnea cu amidonul de porumb, sosul de soia, vinul sau sherry și zahărul. Se încălzește jumătate din ulei și se prăjește ceapa până devine transparentă. Adăugați carnea și prăjiți timp de 2 minute. Scoateți din tigaie. Se încălzește uleiul rămas, se adaugă orezul și se prăjește timp de 2 minute. Adăugați bulion și încălziți. Adăugați jumătate din amestecul de carne și ceapă și amestecați până se încinge, apoi transferați pe o farfurie fierbinte de servire și acoperiți cu carnea și ceapa rămase.

Orez prajit cu carne tocata

pentru 4 persoane
30 ml / 2 linguri ulei de arahide
1 cățel de usturoi zdrobit
vârf de cuțit de sare
30 ml / 2 linguri sos de soia
30 ml / 2 linguri sos hoisin
450 g / 1 kg carne tocată (măcinată)

1 ceapa taiata cubulete
1 morcov tăiat cubulețe
1 praz taiat cubulete
450 g / 1 kilogram de orez cu bob lung gătit

Se încălzește uleiul și se prăjește usturoiul și sarea până devin ușor aurii. Adăugați sosurile de soia și hoisin și amestecați până se încălzesc. Se adaugă carnea și se prăjește până se rumenește și se sfărâmiciază. Adăugați legumele și prăjiți până se înmoaie, amestecând des. Se adaugă orezul și se prăjește, amestecând continuu, până se încălzește și se acoperă cu sosurile.

Orez prajit cu carne si ceapa

pentru 4 persoane

1 kilogram / 450 g carne de vită slabă, feliată subțire
45 ml / 3 linguri sos de soia
15 ml / 1 lingura vin de orez sau sherry uscat
sare si piper proaspat macinat
15 ml / 1 lingură făină de porumb (amidon de porumb)
45 ml / 3 linguri ulei de arahide (arahide)
1 ceapa tocata

225g / 8oz orez cu bob lung gătit

Marinați carnea în sos de soia, vin sau sherry, sare, piper și făină de porumb timp de 15 minute. Se incinge uleiul si se caleste ceapa pana devine usor aurie. Adăugați carnea și marinada și prăjiți timp de 3 minute. Se adauga orezul si se prajeste pana se incinge.

orez prajit cu pui

pentru 4 persoane

225 g / 8 oz / 1 cană de orez cu bob lung

750 ml / 1¼ ochi / 3 căni de apă

30 ml / 2 linguri ulei de arahide

2 catei de usturoi macinati

vârf de cuțit de sare

1 ceapa tocata marunt

3 ceai (cei), tocate

100g / 4oz pui gătit, mărunțit

15 ml/1 lingura sos de soia

Puneti orezul si apa intr-o cratita, aduceti la fiert, acoperiti si fierbeti aproximativ 20 de minute pana ce orezul este fiert. Scurgeți bine. Se încălzește uleiul și se prăjește usturoiul și sarea până când usturoiul devine ușor auriu. Adăugați ceapa și prăjiți timp de 1 minut. Adăugați orezul și prăjiți timp de 2 minute. Adăugați arpagicul și puiul și prăjiți timp de 2 minute. Adăugați sosul de soia pentru a acoperi orezul.

Orez prajit cu rață

pentru 4 persoane

4 ciuperci chinezești uscate

45 ml / 3 linguri ulei de arahide (arahide)

2 ceai (cei), feliați

225 g / 8 oz bok choy, mărunțit

100g / 4oz rață fiartă, mărunțită

45 ml / 3 linguri sos de soia

15 ml / 1 lingura vin de orez sau sherry uscat

350 g / 12 oz orez cu bob lung gătit

45 ml / 3 linguri supă de pui

Înmuiați ciupercile în apă călduță timp de 30 de minute, apoi scurgeți-le. Aruncați tulpinile și tăiați vârfurile. Se incinge jumatate din ulei si se caleste ceapa primavara pana devine transparenta. Adăugați varza chinezească și prăjiți timp de 1 minut. Adăugați rața, sosul de soia și vinul sau sherry și gătiți timp de 3 minute. Scoateți din tigaie. Se încălzește uleiul rămas și se prăjește orezul până este acoperit cu ulei. Adăugați bulionul, aduceți la fiert și prăjiți timp de 2 minute. Reveniți amestecul de rață în tigaie și amestecați până se încălzește înainte de servire.

orez prajit cu sunca

pentru 4 persoane

30 ml / 2 linguri ulei de arahide

1 ou bătut

1 cățel de usturoi zdrobit

350 g / 12 oz orez cu bob lung gătit

1 ceapa tocata marunt

1 ardei verde tocat

100 g / 4 oz șuncă tocată

50g / 2oz castane de apă, feliate

50g / 2oz muguri de bambus, tocați

15 ml/1 lingura sos de soia

15 ml / 1 lingura vin de orez sau sherry uscat

15 ml/1 lingura sos de stridii

Încinge puțin ulei într-o tigaie și adaugă oul, înclinând tigaia astfel încât să se întindă peste tigaie. Gatiti pana cand fundul se rumeneste usor, apoi intoarceti si gatiti pe cealalta parte. Scoateți din tigaie și tăiați și prăjiți usturoiul până devine ușor auriu. Adăugați orezul, ceapa și ardeiul și prăjiți timp de 3 minute. Adăugați șunca, castanele de apă și lăstarii de bambus și prăjiți timp de 5 minute. Adăugați ingredientele rămase și prăjiți timp de aproximativ 4 minute. Se servesc stropite cu fasiile de oua.

Orez cu șuncă afumată cu bulion

pentru 4 persoane

30 ml / 2 linguri ulei de arahide

3 oua batute

350 g / 12 oz orez cu bob lung gătit

600 ml / 1 pt / 2½ căni de supă de pui

100g / 4oz șuncă afumată, mărunțită

100 g / 4 oz muguri de bambus, feliați

Se încălzește uleiul și apoi se toarnă ouăle. Când încep să se coaguleze, se adaugă orezul și se prăjesc 2 minute. Adăugați bulionul și șunca și aduceți la fiert. Se fierbe timp de 2 minute, apoi se adaugă lăstarii de bambus și se servesc.

orez prajit cu carne de porc

pentru 4 persoane

45 ml / 3 linguri ulei de arahide (arahide)

3 ceai (cei), tocate

100g / 4oz friptură de porc, tăiată cubulețe

350 g / 12 oz orez cu bob lung gătit

30 ml / 2 linguri sos de soia

2,5 ml / ½ linguriță sare

2 oua batute

Încinge uleiul și prăjește arpagicul până devine transparent. Adăugați carnea de porc și amestecați până când este acoperită cu ulei. Adăugați orezul, sosul de soia și sarea și prăjiți timp de 3 minute. Adăugați ouăle și amestecați până încep să se întărească.

Orez prajit cu carne de porc si creveti

pentru 4 persoane

45 ml / 3 linguri ulei de arahide (arahide)
2,5 ml / ½ linguriță sare
2 ceai (cei), tocate
350 g / 12 oz orez cu bob lung gătit
100 g / 4 oz friptură de porc
225 g / 8 oz creveți decojiți
50 g / 2 oz frunze chinezești, răzuite
45 ml / 3 linguri sos de soia

Se încălzeşte uleiul şi se prăjeşte sarea şi arpagicul până devin uşor aurii. Adăugaţi orezul şi prăjiţi pentru a rupe boabele. Adăugaţi carnea de porc şi prăjiţi timp de 2 minute. Adăugaţi creveţii, frunzele chinezeşti şi sosul de soia şi prăjiţi până se fierb.

orez prajit cu creveti

pentru 4 persoane

225 g / 8 oz / 1 cană de orez cu bob lung

750 ml / 1¼ ochi / 3 căni de apă

30 ml / 2 linguri ulei de arahide

2 catei de usturoi macinati

vârf de cuţit de sare

1 ceapa tocata marunt

225 g / 8 oz creveţi decojiţi

5 ml/1 lingurita sos de soia

Puneti orezul si apa intr-o cratita, aduceti la fiert, acoperiti si fierbeti aproximativ 20 de minute pana ce orezul este fiert. Scurgeți bine. Se incinge uleiul cu usturoiul si sarea si se prajesc pana usturoiul devine usor auriu. Adăugați orezul și ceapa și prăjiți timp de 2 minute. Adăugați creveții și prăjiți timp de 2 minute. Adăugați sos de soia înainte de servire.

Orez prajit si mazare

pentru 4 persoane

30 ml / 2 linguri ulei de arahide

2 catei de usturoi macinati

5 ml/1 lingurita de sare

350 g / 12 oz orez cu bob lung gătit

8 oz / 225 g mazăre albă sau congelată, dezghețată

4 cepe primare (cepe), tocate mărunt

30 ml / 2 linguri pătrunjel proaspăt tocat mărunt

Se încălzește uleiul și se prăjește usturoiul și sarea până devin ușor aurii. Adăugați orezul și prăjiți timp de 2 minute. Adaugati mazarea, ceapa si patrunjelul si caliti cateva minute pana se incinge. Serviți cald sau rece.

Orez prajit cu somon

pentru 4 persoane

30 ml / 2 linguri ulei de arahide

2 catei de usturoi tocati

2 ceai (cei), feliați

50 g / 2 oz somon tocat

75g / 3oz spanac tocat

150g / 5oz orez cu bob lung gătit

Încinge uleiul și prăjește usturoiul și arpagicul timp de 30 de secunde. Adăugați somonul și prăjiți timp de 1 minut. Adăugați spanacul și prăjiți timp de 1 minut. Se adaugă orezul și se călește până când este fierbinte și bine amestecat.

Orez prajit special

pentru 4 persoane

60 ml / 4 linguri ulei de arahide

1 ceapa tocata marunt

100g / 4oz bacon, tocat

50g / 2oz șuncă tocată

50g / 2oz pui fiert, tocat

50 g / 2 oz creveți decojiți

60 ml / 4 linguri sos de soia

30 ml / 2 linguri vin de orez sau sherry uscat

sare si piper proaspat macinat

15 ml / 1 lingură făină de porumb (amidon de porumb)

225g / 8oz orez cu bob lung gătit

2 oua batute

100g / 4oz ciuperci, feliate
50g / 2oz mazăre congelată

Se încălzește uleiul și se prăjește ceapa și baconul până devin ușor aurii. Adăugați șunca și puiul și prăjiți timp de 2 minute. Adăugați creveții, sosul de soia, vinul sau sherry, sare, piper și amidonul de porumb și gătiți timp de 2 minute. Adăugați orezul și prăjiți timp de 2 minute. Se adauga ouale, ciupercile si mazarea si se prajesc 2 minute pana se fierb.

Zece orez prețios

Serve de la 6 la 8

45 ml / 3 linguri ulei de arahide (arahide)
1 ceapă de primăvară (ceapă), tocată
100 g / 4 oz carne de porc slabă, mărunțită
1 piept de pui, tocat
100g / 4oz șuncă, mărunțită
30 ml / 2 linguri sos de soia
30 ml / 2 linguri vin de orez sau sherry uscat
5 ml/1 lingurita de sare
350 g / 12 oz orez cu bob lung gătit
250 ml / 8 fl oz / 1 cană bulion de pui
100 g / 4 oz muguri de bambus, tăiați în fâșii
50g / 2oz castane de apă, feliate

Se încălzește uleiul și se prăjește ceapa primăvară până devine transparentă. Adăugați carnea de porc și prăjiți timp de 2 minute. Se adauga puiul si sunca si se prajesc 2 minute. Adăugați sos de soia, sherry și sare. Adăugați orezul și bulionul și aduceți la fiert. Adăugați lăstarii de bambus și castanele de apă, acoperiți și fierbeți timp de 30 de minute.

Orez cu ton prăjit

pentru 4 persoane

30 ml / 2 linguri ulei de arahide

2 cepe feliate

1 ardei verde tocat

450 g / 1 lb / 3 căni de orez cu bob lung gătit

sare

3 oua batute

300 g / 12 oz conserve de ton, fulgi

30 ml / 2 linguri sos de soia

2 salote, tocate marunt

Încinge uleiul și prăjește ceapa până se înmoaie. Se adauga ardeiul gras si se prajeste 1 minut. Împingeți într-o parte a tigaii. Adăugați orezul, stropiți cu sare și prăjiți timp de 2 minute, amestecând treptat ardeiul și ceapa. Faceți o gaură în centrul orezului, mai turnați puțin ulei și turnați ouăle. Se amestecă până aproape se amestecă și se amestecă în orez. Gatiti inca 3 minute. Adăugați tonul și sosul de soia și încălziți. Se serveste presarata cu salota tocata.

taitei cu ou fiert

pentru 4 persoane

10 ml / 2 lingurițe de sare
450 g / 1 liră tăiței cu ou
30 ml / 2 linguri ulei de arahide

Aduceți o cratiță cu apă la fiert, adăugați sare și adăugați tăițeii. Reveniți la fierbere și fierbeți aproximativ 10 minute până când sunt fragezi, dar încă fermi. Scurgeți bine, clătiți sub apă rece, scurgeți, apoi clătiți sub apă fierbinte. Se amestecă cu ulei înainte de servire.

taitei cu oua la abur

pentru 4 persoane

10 ml / 2 linguriţe de sare

450 g / 1 kg tăiţei subţiri de ou

Aduceţi o cratiţă cu apă la fiert, adăugaţi sare şi adăugaţi tăiţeii. Se amestecă bine şi apoi se scurge. Puneţi tăiţeii într-o strecurătoare, puneţi într-un cuptor cu abur şi fierbeţi peste apă clocotită aproximativ 20 de minute până se înmoaie.

Taitei prajiti

Porţi 8

10 ml / 2 linguriţe de sare

450 g / 1 liră tăiţei cu ou

30 ml / 2 linguri ulei de arahide

vas prajit

Aduceţi o cratiţă cu apă la fiert, adăugaţi sare şi adăugaţi tăiţeii. Reveniţi la fierbere şi fierbeţi aproximativ 10 minute până când sunt fragezi, dar încă fermi. Scurgeți bine, clătiți sub apă rece, scurgeți, apoi clătiți sub apă fierbinte. Se amestecă cu ulei, apoi se amestecă ușor în orice amestec de prăjiți și se încălzește ușor pentru a amesteca aromele.

Taitei prajiti

pentru 4 persoane

225 g / 8 oz tăiței subțiri cu ou

sare

ulei de prajit

Gătiți tăițeii în apă clocotită cu sare conform instrucțiunilor de pe ambalaj. Scurgeți bine. Asezati mai multe straturi de hartie de bucatarie pe o tava de copt, intindeti taiteii si lasati sa se usuce cateva ore. Se încălzește uleiul și se prăjesc tăițeii linguri pe rând timp de aproximativ 30 de secunde până devin aurii. Scurgeți pe prosoape de hârtie.

Taitei moi prajiti

pentru 4 persoane

350 g / 12 oz tăiţei cu ou
75 ml / 5 linguri ulei de arahide (arahide)
sare

Aduceţi o oală cu apă la fiert, adăugaţi tăiţeii şi fierbeţi până când tăiţeii sunt fragezi. Scurgeţi şi clătiţi sub apă rece, apoi apă fierbinte, apoi scurgeţi din nou. Adăugaţi 15 ml/1 lingură ulei apoi lăsaţi să se răcească şi lăsaţi la frigider. Se încălzeşte uleiul rămas până aproape de fum. Adăugaţi tăiţeii şi amestecaţi uşor până când sunt acoperiţi cu ulei. Reduceţi focul şi continuaţi să amestecaţi câteva minute până când tăiţeii sunt aurii la exterior, dar moale la interior.

tăiței înăbușiți

pentru 4 persoane

450 g / 1 liră tăiței cu ou

5 ml/1 lingurita de sare

30 ml / 2 linguri ulei de arahide

3 cepe de primăvară (cepe), tăiate fâșii

1 cățel de usturoi zdrobit

2 felii de rădăcină de ghimbir, tocate

100g / 4oz carne de porc slabă, tăiată fâșii

100g / 4oz șuncă, tăiată fâșii

100 g / 4 oz creveți decojiți

450 ml / ¬œ pt / 2 cesti supa de pui

30 ml / 2 linguri sos de soia

Aduceți o cratiță cu apă la fiert, adăugați sare și adăugați tăițeii. Reveniți la fierbere și fierbeți aproximativ 5 minute, apoi scurgeți și clătiți cu apă rece.

Între timp, încălziți uleiul și prăjiți ceapa primăvară, usturoiul și ghimbirul până devin ușor aurii. Adăugați carnea de porc și prăjiți până la culoare deschisă. Adăugați șunca și creveții și adăugați bulionul, sosul de soia și tăițeii. Aduceți la fierbere, acoperiți și gătiți la foc mic timp de 10 minute.

taitei reci

pentru 4 persoane

450 g / 1 liră tăiței cu ou
5 ml/1 lingurita de sare
15 ml / 1 lingura ulei de arahide
225 g / 8 oz muguri de fasole
8 oz / 225 g carne de porc friptă, mărunțită
1 castravete tăiat fâșii
12 ridichi, tăiate fâșii

Aduceți o cratiță cu apă la fiert, adăugați sare și adăugați tăițeii. Reveniți la fierbere și fierbeți aproximativ 10 minute până când sunt fragezi, dar încă fermi. Scurgeți bine, clătiți sub apă rece, apoi scurgeți din nou. Se amestecă cu ulei și apoi se pune pe o farfurie de servire. Aranjați celelalte ingrediente în farfurii mici înconjurând tăițeii. Oaspeților li se servește o selecție de toppinguri în boluri mici.

coșuri cu tăiței

pentru 4 persoane

225 g / 8 oz tăiței subțiri cu ou
sare
ulei de prajit

Gătiți tăițeii în apă clocotită cu sare conform instrucțiunilor de pe ambalaj. Scurgeți bine. Asezati mai multe straturi de hartie de bucatarie pe o tava de copt, intindeti taiteii si lasati sa se usuce cateva ore. Ungeți interiorul unei strecurătoare medii cu puțin ulei. Întindeți un strat uniform de tăiței cu o grosime de aproximativ 1 cm/¬Ω în strecurătoare. Ungeți exteriorul unei sitări mai mici cu ulei și apăsați ușor în cea mai mare. Se încălzește uleiul, se introduc cele două strecurătoare în ulei și se prăjesc aproximativ 1 minut până când tăițeii sunt aurii. Scoateți cu grijă strecurătoarele, trecând cu un cuțit pe marginile tăițeilor dacă este necesar pentru a le slăbi.

clătită cu tăiței

pentru 4 persoane

225 g / 8 oz tăiței cu ou

5 ml/1 lingurita de sare

75 ml / 5 linguri ulei de arahide (arahide)

Aduceți o cratiță cu apă la fiert, adăugați sare și adăugați tăițeii. Reveniți la fierbere și fierbeți aproximativ 10 minute până când sunt fragezi, dar încă fermi. Scurgeți bine, clătiți sub apă rece, scurgeți, apoi clătiți sub apă fierbinte. Se amestecă cu 15 ml/1 lingură de ulei. Încinge uleiul rămas. Adăugați tăițeii în tigaie pentru a face o clătită groasă. Se prăjește până devine ușor auriu pe fund, apoi se răstoarnă și se prăjește până devine ușor auriu, dar moale în centru.

Taitei fierti

pentru 4 persoane

4 ciuperci chinezești uscate

450 g / 1 liră tăiței cu ou

30 ml / 2 linguri ulei de arahide

5 ml/1 lingurita de sare

3 ceai (cei), tocate

100g / 4oz carne de porc slabă, tăiată fâșii

100 g / 4 oz buchețe de conopidă

15 ml / 1 lingură făină de porumb (amidon de porumb)

250 ml / 8 fl oz / 1 cană bulion de pui

15 ml/1 lingura ulei de susan

Înmuiați ciupercile în apă călduță timp de 30 de minute, apoi scurgeți-le. Aruncați tulpinile și tăiați vârfurile. Aduceți o cratiță cu apă la fiert, adăugați tăițeii și fierbeți timp de 5 minute și scurgeți. Încinge uleiul și prăjește sarea și arpagicul timp de 30 de secunde. Adăugați carnea de porc și prăjiți până la culoare deschisă. Se adauga conopida si ciupercile si se prajesc 3 minute. Amestecați făina de porumb și bulionul, amestecați în tigaie, aduceți la fiert, acoperiți și fierbeți 10 minute, amestecând din când în când. Încălziți uleiul de susan într-o tigaie separată, adăugați tăițeii și amestecați ușor la foc mediu până se rumenesc ușor. Transferați pe o farfurie fierbinte de servire, turnați peste amestecul de carne de porc și serviți.

Taitei cu carne

pentru 4 persoane

350 g / 12 oz tăiței cu ou

45 ml / 3 linguri ulei de arahide (arahide)

450 g / 1 kg carne tocată (măcinată)

sare si piper proaspat macinat

1 cățel de usturoi zdrobit

1 ceapa tocata marunt

250 ml / 8 fl oz / 1 cană bulion de vită

100g / 4oz ciuperci, feliate

2 tulpini de telina tocate

1 ardei verde tocat

30 ml / 2 linguri faina de porumb (amidon de porumb)

60 ml / 4 linguri de apă

15 ml/1 lingura sos de soia

Fierbeți tăițeii în apă clocotită aproximativ 8 minute până se înmoaie, apoi scurgeți. Intre timp se incinge uleiul si se calesc carnea, sarea, piperul, usturoiul si ceapa pana se rumenesc usor. Adăugați bulion, ciuperci, țelină și ardei, aduceți la fierbere, acoperiți și fierbeți timp de 5 minute. Se amestecă făina de porumb, apa și sosul de soia într-o pastă, se amestecă în tigaie și se fierbe, amestecând, până se îngroașă sosul. Aranjați tăițeii pe o farfurie fierbinte de servire și turnați peste carne și sos.

taitei cu pui

pentru 4 persoane

350 g / 12 oz tăiței cu ou
100 g / 4 oz muguri de fasole
45 ml / 3 linguri ulei de arahide (arahide)
2,5 ml / ¬Ω linguriță sare
2 catei de usturoi tocati
2 ceai (cei), tocate
100g / 4oz pui gătit, tăiat cubulețe
5 ml/1 lingurita ulei de susan

Aduceți o cratiță cu apă la fiert, adăugați tăițeii și fierbeți până se înmoaie. Se albesc mugurii de fasole în apă clocotită timp de 3 minute, apoi se scurg. Încinge uleiul și prăjește sarea, usturoiul și arpagicul până se înmoaie. Se adaugă puiul și se călește până se încălzește. Adăugați mugurii de fasole și încălziți. Scurgeți bine tăițeii, clătiți cu apă rece și apoi cu apă fierbinte. Se amestecă uleiul de susan și se pune pe o farfurie fierbinte de servire. Acoperiți cu amestecul de pui și serviți.

Taitei cu carne de crab

pentru 4 persoane

350 g / 12 oz tăiței cu ou
45 ml / 3 linguri ulei de arahide (arahide)
3 ceai (cei), tocate
2 felii de rădăcină de ghimbir, tăiate fâșii
350g / 12oz carne de crab, fulgi
5 ml/1 lingurita de sare
15 ml / 1 lingura vin de orez sau sherry uscat
15 ml / 1 lingură făină de porumb (amidon de porumb)
30 ml / 2 linguri de apă
30 ml / 2 linguri de otet de vin

Aduceți o oală cu apă la fiert, adăugați tăițeii și fierbeți timp de 10 minute până se înmoaie. Intre timp se incinge 30 ml/2 linguri de ulei si se calesc ceapa primavara si ghimbirul pana devin usor aurii. Adăugați carnea de crab și sare, prăjiți timp de 2 minute. Adăugați vinul sau sherry și prăjiți timp de 1 minut. Se amestecă făina de porumb și apa într-o pastă, se amestecă în tigaie și se fierbe la foc mic, amestecând, până se îngroașă. Scurgeți tăițeii și clătiți sub apă rece și apoi sub apă fierbinte. Adăugați uleiul rămas și puneți pe o farfurie caldă de servire. Acoperiți cu amestecul de crab și serviți stropit cu oțet de vin.

Taitei in sos de curry

pentru 4 persoane

450 g / 1 liră tăiței cu ou
5 ml/1 lingurita de sare
30 ml / 2 linguri de pudră de curry
1 ceapă feliată
75 ml / 5 linguri supă de pui
100g / 4oz friptură de porc, mărunțită
120 ml / 4 fl oz / ¬Ω cană sos de roșii (ketchup)
15 ml/1 lingura sos hoisin
sare si piper proaspat macinat

Aduceți o cratiță cu apă la fiert, adăugați sare și adăugați tăițeii. Reveniți la fierbere și fierbeți aproximativ 10 minute până când sunt fragezi, dar încă fermi. Scurgeți bine, clătiți sub apă rece, scurgeți, apoi clătiți sub apă fierbinte. Între timp, gătiți praful de curry într-o tigaie uscată timp de 2 minute, scuturând tigaia. Adăugați ceapa și amestecați până se îmbracă bine. Se adauga bulionul si apoi se adauga carnea de porc si se aduce la fiert. Adăugați sosul de roșii, sosul hoisin, sare și piper și fierbeți, amestecând, până se încălzesc. Aranjați tăițeii pe un platou de servire fierbinte, turnați peste sos și serviți.

fidea Dan-Dan

pentru 4 persoane

100 g / 4 oz tăiței cu ou

45 ml / 3 linguri muștar

60 ml / 4 linguri sos de susan

60 ml / 4 linguri ulei de arahide

20 ml / 4 lingurițe de sare

4 ceai (cei), tocate

60 ml / 4 linguri sos de soia

60 ml / 4 linguri alune măcinate

60 ml / 4 linguri supă de pui

Gătiți tăițeii în apă clocotită aproximativ 10 minute până se înmoaie, apoi scurgeți bine. Amestecați ingredientele rămase, turnați peste tăiței și amestecați bine înainte de servire.

Taitei cu sos de oua

pentru 4 persoane

225 g / 8 oz tăiței cu ou

750 ml / 1-a / 3 căni supă de pui
45 ml / 3 linguri sos de soia
45 ml / 3 linguri vin de orez sau sherry uscat
15 ml / 1 lingura ulei de arahide
3 cepe de primăvară (cepe), tăiate fâșii
3 oua batute

Aduceți o cratiță cu apă la fiert, adăugați tăițeii, reveniți la fierbere și fierbeți timp de 10 minute până se înmoaie. Scurgeti si puneti intr-un bol pentru a servi fierbinti. Între timp, aduceți la fiert bulionul cu sosul de soia și vinul sau sherry. Într-o tigaie separată, încălziți uleiul și prăjiți ceapa primăvară până se înmoaie. Adăugați ouăle, apoi adăugați bulionul fierbinte și continuați să amestecați la foc mediu până când amestecul ajunge la fierbere. Se toarnă sosul peste tăitei și se servește.

Fidea cu ghimbir și arpagic

pentru 4 persoane
900 ml / 1¬Ω puncte / 4¬° căni de supă de pui
15 ml / 1 lingura ulei de arahide
225 g / 8 oz tăiței cu ou

2,5 ml / ¬Ω linguriță ulei de susan

4 cepe de primăvară (cepe), ras

2 felii de rădăcină de ghimbir, rasă

15 ml/1 lingura sos de stridii

Aduceți bulionul la fiert, adăugați uleiul și tăițeii și fierbeți, neacoperit, aproximativ 15 minute până se înmoaie. Transferați tăițeii pe o farfurie fierbinte de servire și adăugați uleiul de susan, ceai și ghimbir în wok. Se fierbe, neacoperit, timp de 5 minute până când legumele se înmoaie ușor și bulionul se reduce. Se toarna legumele peste taitei cu putin bulion. Stropiți cu sos de stridii și serviți imediat.

Taitei picanti si acri

pentru 4 persoane

225 g / 8 oz tăiţei cu ou
15 ml/1 lingura sos de soia
15 ml / 1 lingura ulei de chili
15 ml/1 lingura otet de vin rosu
1 căţel de usturoi zdrobit
2 ceai (cei), tocate
5 ml / 1 lingurita piper proaspat macinat

Fierbeți tăițeii în apă clocotită aproximativ 10 minute până se înmoaie. Scurgeți bine și transferați pe o farfurie caldă de servire. Amestecați ingredientele rămase, turnați peste tăiței și amestecați bine înainte de servire.

Taitei in sos de carne

pentru 4 persoane

4 ciuperci chinezești uscate

30 ml / 2 linguri ulei de arahide

8 oz / 225 g carne de porc slabă, feliată

100g / 4oz ciuperci, feliate

4 cepe de primăvară (cepe), tăiate felii

15 ml/1 lingura sos de soia

15 ml / 1 lingura vin de orez sau sherry uscat

600 ml / 1 pt / 2 Ω cani de bulion de pui

350 g / 12 oz tăiței cu ou

30 ml / 2 linguri faina de porumb (amidon de porumb)

2 oua, batute usor

sare si piper proaspat macinat

Înmuiați ciupercile în apă călduță timp de 30 de minute, apoi scurgeți-le. Aruncați tulpinile și tăiați vârfurile. Se incinge uleiul si se prajeste carnea de porc pana devine deschisa la culoare. Adaugati ciupercile si ceapa uscata si proaspata si caliti 2 minute. Adăugați sos de soia, vin sau sherry și bulion, aduceți la fierbere, acoperiți și fierbeți timp de 30 de minute.

Între timp, aduceți o cratiță cu apă la fiert, adăugați tăițeii și fierbeți timp de aproximativ 10 minute până când tăițeii sunt fragezi, dar încă fermi. Scurgeți, clătiți sub apă rece și apoi fierbinte, apoi scurgeți din nou și puneți pe un platou de servire cald. Se amestecă făina de porumb cu puțină apă, se amestecă în tigaie și se fierbe la foc mic, amestecând, până când sosul se subțiază și se îngroașă. Adăugați treptat ouăle și asezonați cu sare și piper. Turnați sosul peste tăiței pentru a servi.

Fidea cu ouă poșate

pentru 4 persoane

350 g / 12 oz tăiței de orez

4 ouă

30 ml / 2 linguri ulei de arahide

1 catel de usturoi tocat

100g / 4oz sunca fiarta, tocata marunt

45 ml / 3 linguri piure de rosii (pasta)

120 ml / 4 fl oz / ¬Ω cană de apă

5 ml/1 lingurita de zahar

5 ml/1 lingurita de sare

sos de soia

Aduceți o oală cu apă la fiert, adăugați tăițeii și fierbeți timp de aproximativ 8 minute până când sunt fierte. Scurgeți și clătiți cu apă rece. Aranjați în formă de cuib pe o farfurie de servire încălzită. Între timp, am poșat ouăle și am pus câte unul în fiecare cuib. Încinge uleiul și prăjește usturoiul timp de 30 de secunde. Adăugați șunca și prăjiți timp de 1 minut. Adăugați toate ingredientele rămase, cu excepția sosului de soia și prăjiți până se încinge. Se toarnă peste ouă, se stropește cu sos de soia și se servește deodată.

Taitei cu carne de porc si legume

pentru 4 persoane

350 g / 12 oz tăiței de orez
75 ml / 5 linguri ulei de arahide (arahide)
225g / 8oz carne de porc slabă, mărunțită
100g / 4oz muguri de bambus, zdrobiți
100 g / 4 oz bok choy, mărunțit
450 ml / ¬œ pt / 2 cesti supa de pui
10 ml / 2 lingurițe de făină de porumb (amidon de porumb)
45 ml / 3 linguri de apă

Fierbeți tăițeii aproximativ 6 minute până când sunt fierți, dar încă fermi, apoi scurgeți. Se încălzesc 45 ml / 3 linguri de ulei și se prăjește carnea de porc timp de 2 minute. Adăugați lăstarii de bambus și varza și prăjiți timp de 1 minut. Adăugați bulion, aduceți la fierbere, acoperiți și fierbeți timp de 4 minute. Amestecați făina de porumb și apa, amestecați în tigaie și fierbeți, amestecând, până când sosul se îngroașă. Încinge uleiul rămas și prăjește tăițeii până devin ușor aurii. Transferați pe o farfurie fierbinte de servire, acoperiți cu amestecul de porc și serviți.

Taitei transparenti cu carne de porc tocata

pentru 4 persoane

200 g / 7 oz tăiței limpezi

ulei de prajit

75 ml / 5 linguri ulei de arahide (arahide)

225 g / 8 oz carne de porc tocată (măcinată)

25 g / 1 oz pastă de ardei iute

2 ceai (cei), tocate

1 catel de usturoi tocat

1 felie de rădăcină de ghimbir, tocată

5 ml / 1 linguriță pudră de chili

250 ml / 8 fl oz / 1 cană bulion de pui

30 ml / 2 linguri vin de orez sau sherry uscat

30 ml / 2 linguri sos de soia

sare

Se încălzește uleiul până dă în clocot și se prăjesc tăițeii până se extind. Scoateți și scurgeți. Încinge cele 75 ml / 5 linguri de ulei și prăjește carnea de porc până devine aurie. Adăugați pasta de fasole, ceapa primăvară, usturoiul, ghimbirul și pudra de ardei iute și prăjiți timp de 2 minute. Amestecați bulionul, vinul sau sherry, sosul de soia și tăițeii și fierbeți până când sosul se îngroașă. Asezonați după gust cu sare înainte de servire.

piele rulou de ou

acum 12

225 g / 8 oz / 2 căni de făină simplă (toate scopuri)

1 ou bătut

2,5 ml / ¬Ω linguriță sare

120 ml / 4 fl oz / ¬Ω cană de apă rece cu gheață

Se amestecă toate ingredientele și apoi se frământă până când este omogen și elastic. Acoperiți cu o cârpă umedă și lăsați să se răcească timp de 30 de minute. Se întinde pe o suprafață cu făină până când hârtia se subțire, apoi se taie în pătrate.

Piele de rulou de ou fiert

acum 12

175 g / 6 oz / 1 Ω cani de făină simplă (toate scopuri)

2,5 ml / ¬Ω linguriță sare

2 oua batute

375 ml / 13 fl oz / 1 Ω cani de apă

Se amestecă făina și sarea și apoi se amestecă ouăle. Adăugați treptat apa pentru a obține un aluat neted. Unge ușor o tigaie mică, apoi toarnă 30 ml / 2 linguri de aluat și înclină tigaia pentru a o întinde uniform pe suprafață. Când aluatul se micșorează de pe părțile laterale ale tăvii, scoateți-l și acoperiți-l cu o cârpă umedă în timp ce gătiți cojile rămase.

clătite chinezești

pentru 4 persoane

250 ml / 8 fl oz / 1 cană de apă
225 g / 8 oz / 2 căni de făină simplă (toate scopuri)
ulei de arahide pentru prajit

Aduceți apa la fiert, apoi adăugați treptat făina. Se framanta usor pana cand aluatul este moale, se acopera cu o carpa umeda si se lasa sa se odihneasca 15 minute. Se intinde pe o suprafata infainata si se modeleaza un cilindru lung. Tăiați în felii de 2,5 cm / 1 în, apoi aplatizați până la aproximativ 5 mm / ¬° grosime și ungeți partea de sus cu ulei. Stivuiți în perechi cu suprafețele unse cu ulei care se ating și pudrați ușor afară cu făină. Întindeți perechile la aproximativ 10 cm/4in lățime și gătiți în perechi aproximativ 1 minut pe fiecare parte până devin ușor aurii. Separați și stivuiți până când sunt gata de servire.

piei wonton

acum vreo 40 de ani

450 g / 1 lb / 2 căni de făină simplă (toate scopuri)
5 ml/1 lingurita de sare
1 ou bătut
45 ml / 3 linguri de apă

Cerneți făina și sarea și apoi faceți un godeu în centru. Se amestecă oul, se stropește cu apă și se frământă amestecul într-un aluat neted. Se pune intr-un bol, se acopera cu o carpa umeda si se lasa sa se raceasca 1 ora.

Întindeți aluatul pe o suprafață tapetă cu făină până când este subțire și uniformă. Tăiați fâșii de 7,5 cm, pudrați ușor cu făină și stivuiți, apoi tăiați în pătrate. Acoperiți cu o cârpă umedă până când este gata de utilizare.

Sparanghel cu scoici

pentru 4 persoane

120 ml / 4 fl oz / ½ cană ulei de arahide (arahide)
1 ardei iute roșu, tăiat fâșii
2 cepe de primăvară (cepe), tăiate fâșii
2 felii de rădăcină de ghimbir, rasă
8 oz / 225 g sparanghel, tăiat în bucăți
30 ml / 2 linguri sos de soia gros
2,5 ml / ½ linguriță ulei de susan
8 oz / 225 g scoici, înmuiate și spălate

Încinge uleiul și prăjește ardeiul iute, arpagicul și ghimbirul timp de 30 de secunde. Adăugați sparanghelul și sosul de soia, acoperiți și fierbeți până când sparanghelul este aproape fraged. Adăugați ulei de susan și scoici, acoperiți și gătiți până când scoicile se deschid. Aruncați toate scoici care nu s-au deschis și serviți imediat.

Sparanghel cu sos de ouă

pentru 4 persoane

450 g / 1 liră sparanghel

45 ml / 3 linguri ulei de arahide (arahide)

30 ml / 2 linguri vin de orez sau sherry uscat

sare

250 ml / 8 fl oz / 1 cană bulion de pui

15 ml / 1 lingură făină de porumb (amidon de porumb)

1 ou, batut usor

Tăiați sparanghelul și tăiați-l în 5 cm / 2 bucăți. Se încălzește uleiul și se prăjește sparanghelul pentru aproximativ 4 minute până când se înmoaie, dar încă crocant. Stropiți cu vin sau sherry și sare. Între timp, aduceți bulionul și făina de porumb la fiert, amestecând și asezonați cu sare. Amestecați o parte din bulionul cald în ou, apoi amestecați oul în tigaie și gătiți la foc mic, amestecând, până când sosul se îngroașă. Aranjați sparanghelul pe o farfurie fierbinte de servire, turnați peste sos și serviți imediat.

www.ingramcontent.com/pod-product-compliance
Lightning Source LLC
Chambersburg PA
CBHW071432080526
44587CB00014B/1808